TRANZLATY

El idioma es para todos

Езикът е за всички

El llamado de lo salvaje

Дивото зове

Jack London
Джак Лондон

Español / Български

Hacia lo primitivo
В примитивното

Buck no leía los periódicos.

Бък не четеше вестници.

Si hubiera leído los periódicos habría sabido que se avecinaban problemas.

Ако беше чел вестниците, щеше да знае, че се задават проблеми.

Hubo problemas, no sólo para él sino para todos los perros de la marea.

Имаше проблеми не само за него, но и за всяко куче, живеещо в приливна вода.

Todo perro con músculos fuertes y pelo largo y cálido iba a estar en problemas.

Всяко куче, силно мускулесто и с топла, дълга козина, щеше да си има проблеми.

Desde Puget Bay hasta San Diego ningún perro podía escapar de lo que se avecinaba.

От Пюджет Бей до Сан Диего никое куче не можеше да избегне това, което предстоеше.

Los hombres, a tientas en la oscuridad del Ártico, encontraron un metal amarillo.

Мъже, опипвайки арктическия мрак, бяха открили жълт метал.

Las compañías navieras y de transporte iban en busca del descubrimiento.

Параходните и транспортните компании преследваха откритието.

Miles de hombres se precipitaron hacia el norte.

Хиляди мъже се втурваха към Северната земя.

Estos hombres querían perros, y los perros que querían eran perros pesados.

Тези мъже искаха кучета, а кучетата, които искаха, бяха тежки кучета.

Perros con músculos fuertes para trabajar.

Кучета със силни мускули, с които да се трудят.

Perros con abrigos peludos para protegerlos de las heladas.

Кучета с космата козина, която да ги предпазва от студа.

Buck vivía en una casa grande en el soleado valle de Santa Clara.

Бък живееше в голяма къща в слънчевата долина Санта Клара.

El lugar del juez Miller, se llamaba su casa.

Наричаше се къщата на съдия Милър.

Su casa estaba apartada de la carretera, medio oculta entre los árboles.

Къщата му стоеше встрани от пътя, полускрита сред дърветата.

Se podían ver destellos de la amplia terraza que rodeaba la casa.

Човек можеше да зърне широката веранда, обграждаща къщата.

Se accedía a la casa mediante caminos de grava.

До къщата се водеше по чакълести алеи.

Los caminos serpenteaban a través de amplios prados.

Пътеките се виеха през обширни тревни площи.

Allá arriba se veían las ramas entrelazadas de altos álamos.

Над главите им се преплитаха клоните на високи тополи.

En la parte trasera de la casa las cosas eran aún más espaciosas.

В задната част на къщата нещата бяха още по-просторни.

Había grandes establos, donde una docena de mozos de cuadra charlaban.

Имаше големи конюшни, където дузина коняри си бъбреха

Había hileras de casas de servicio cubiertas de enredaderas.

Имаше редици от облицовани с лозови настилки за слуги

Y había una interminable y ordenada serie de letrinas.

И имаше безкраен и подреден набор от външни постройки

Largos parrales, verdes pastos, huertos y campos de bayas.

Дълги лозови беседки, зелени пасища, овощни градини и ягодоплодни лехи.

Luego estaba la planta de bombeo del pozo artesiano.

След това имаше помпена инсталация за артезианския кладенец.

Y allí estaba el gran tanque de cemento lleno de agua.

И там беше големият циментов резервоар, пълен с вода.

Aquí los muchachos del juez Miller dieron su chapuzón matutino.

Тук момчетата на съдия Милър се гмурнаха сутринта.

Y allí también se refrescaron en la calurosa tarde.

И те се разхладиха там в горещия следобед.

Y sobre este gran dominio, Buck era quien lo gobernaba todo.

И над това голямо владение, Бък беше този, който управляваше всичко.

Buck nació en esta tierra y vivió aquí todos sus cuatro años.

Бък е роден на тази земя и е живял тук през всичките си четири години.

Efectivamente había otros perros, pero realmente no importaban.

Наистина имаше и други кучета, но те всъщност нямаха значение.

En un lugar tan vasto como éste se esperaban otros perros.

На толкова огромно място се очакваха и други кучета.

Estos perros iban y venían, o vivían dentro de las concurridas perreras.

Тези кучета идваха и си отиваха или живееха в оживените развъдници.

Algunos perros vivían escondidos en la casa, como Toots e Ysabel.

Някои кучета живееха скрити в къщата, като Тутс и Изабел.

Toots era un pug japonés, Ysabel una perra mexicana sin pelo.

Тутс беше японски мопс, а Изабел - мексиканско куче без козина.

Estas extrañas criaturas rara vez salían de la casa.

Тези странни същества рядко излизаха извън къщата.

No tocaron el suelo ni olieron el aire libre del exterior.

Те не докосваха земята, нито подушваха открития въздух навън.

También estaban los fox terriers, al menos veinte en número.

Имаше и фокстериери, поне двадесет на брой.

Estos terriers le ladraron ferozmente a Toots y a Ysabel dentro de la casa.

Тези териери лаеха яростно по Тутс и Изабел вътре.

Toots e Ysabel se quedaron detrás de las ventanas, a salvo de todo daño.

Тутс и Изабел останаха зад прозорците, в безопасност.

Estaban custodiados por criadas con escobas y trapeadores.

Те бяха пазени от домашни прислужници с метли и мопове.

Pero Buck no era un perro de casa ni tampoco de perrera.

Но Бък не беше домашно куче, нито пък беше куче за развъдник.

Toda la propiedad pertenecía a Buck como su legítimo reino.

Целият имот принадлежеше на Бък като негово законно владение.

Buck nadaba en el tanque o salía a cazar con los hijos del juez.

Бък плуваше в резервоара или ходеше на лов със синовете на съдията.

Caminaba con Mollie y Alice temprano o tarde.

Той се разхождаше с Моли и Алис в ранните или късните часове.

En las noches frías yacía junto al fuego de la biblioteca con el juez.

В студените нощи той лежеше пред камината в библиотеката със съдията.

Buck llevaba a los nietos del juez en su fuerte espalda.

Бък возеше внуците на съдията на силния си гръб.

Se revolcó en el césped con los niños, vigilándolos de cerca.

Той се търкаляше в тревата с момчетата, пазейки ги отблизо.

Se aventuraron hasta la fuente e incluso pasaron por los campos de bayas.

Те се осмелиха да стигнат до фонтана и дори покрай ягодовите поля.

Entre los fox terriers, Buck caminaba siempre con orgullo real.

Сред фокстериерите Бък винаги крачеше с кралска гордост.

Él ignoró a Toots y Ysabel, tratándolos como si fueran aire.

Той игнорира Тутс и Изабел, отнасяйки се с тях сякаш бяха въздух.

Buck reinaba sobre todas las criaturas vivientes en la tierra del juez Miller.

Бък властваше над всички живи същества в земята на съдия Милър.

Él gobernaba a los animales, a los insectos, a los pájaros e incluso a los humanos.

Той властвал над животни, насекоми, птици и дори хора.

El padre de Buck, Elmo, había sido un San Bernardo enorme y leal.

Бащата на Бък, Елмо, беше огромен и лоялен санбернар.

Elmo nunca se apartó del lado del juez y le sirvió fielmente.

Елмо никога не се отделяше от съдията и му служи вярно.

Buck parecía dispuesto a seguir el noble ejemplo de su padre.

Бък изглеждаше готов да последва благородния пример на баща си.

Buck no era tan grande: pesaba ciento cuarenta libras.

Бък не беше чак толкова едър, тежеше сто и четиридесет паунда.

Su madre, Shep, había sido una excelente perra pastor escocesa.

Майка му, Шеп, беше чудесно шотландско овчарско куче.

Pero incluso con ese peso, Buck caminaba con presencia majestuosa.

Но дори и с това тегло, Бък ходеше с царствено присъствие.

Esto fue gracias a la buena comida y al respeto que siempre recibió.

Това идваше от добрата храна и уважението, което винаги получаваше.

Durante cuatro años, Buck había vivido como un noble mimado.

В продължение на четири години Бък беше живял като разглезен благородник.

Estaba orgulloso de sí mismo y hasta era un poco egoísta.

Той се гордееше със себе си и дори беше леко егоистичен.

Ese tipo de orgullo era común entre los señores de países remotos.

Този вид гордост беше често срещана сред отдалечените селски лордове.

Pero Buck se salvó de convertirse en un perro doméstico mimado.

Но Бък се спаси от това да се превърне в разглезено домашно куче.

Se mantuvo delgado y fuerte gracias a la caza y el ejercicio.

Той остана строен и силен чрез лов и упражнения.

Amaba profundamente el agua, como la gente que se baña en lagos fríos.

Той обичаше водата дълбоко, като хората, които се къпят в студени езера.

Este amor por el agua mantuvo a Buck fuerte y muy saludable.

Тази любов към водата поддържаше Бък силен и много здрав.

Éste era el perro en que se había convertido Buck en el otoño de 1897.

Това беше кучето, в което Бък се беше превърнал през есента на 1897 г.

Cuando la huelga de Klondike arrastró a los hombres hacia el gélido Norte.

Когато ударът в Клондайк привлече мъжете към
замръзналия Север.

**La gente acudió en masa desde todos los rincones del mundo
hacia aquella tierra fría.**

Хора от цял свят се втурнаха в студената земя.

**Buck, sin embargo, no leía los periódicos ni entendía las
noticias.**

Бък обаче не четеше вестници, нито разбираше новини.

Él no sabía que Manuel era un mal hombre con quien estar.

Той не знаеше, че Мануел е лош човек.

**Manuel, que ayudaba en el jardín, tenía un problema
profundo.**

Мануел, който помагаше в градината, имаше сериозен
проблем.

Manuel era adicto al juego de la lotería china.

Мануел беше пристрастен към хазарта в китайската
лотария.

También creía firmemente en un sistema fijo para ganar.

Той също така силно вярваше във фиксирана система за
победа.

Esa creencia hizo que su fracaso fuera seguro e inevitable.

Тази вяра правеше провала му сигурен и неизбежен.

Jugar con un sistema exige dinero, del que Manuel carecía.

Играта по система изисква пари, каквито на Мануел му
липсваха.

**Su salario apenas alcanzaba para mantener a su esposa y a
sus numerosos hijos.**

Заплатата му едва издържаше жена му и многото му деца.

**La noche en que Manuel traicionó a Buck, las cosas estaban
normales.**

В нощта, в която Мануел предаде Бък, нещата бяха
нормални.

**El juez estaba en una reunión de la Asociación de
Productores de Pasas.**

Съдията беше на среща на Асоциацията на
производителите на стафиди.

Los hijos del juez estaban entonces ocupados formando un club atlético.

Синовете на съдията бяха заети с основаването на спортен клуб по това време.

Nadie vio a Manuel y Buck salir por el huerto.

Никой не видя Мануел и Бък да си тръгват през овощната градина.

Buck pensó que esta caminata era simplemente un simple paseo nocturno.

Бък си помисли, че тази разходка е просто обикновена нощна разходка.

Se encontraron con un solo hombre en la estación de la bandera, en College Park.

Срещнаха само един мъж на станцията за флагове в Колидж Парк.

Ese hombre habló con Manuel y intercambiaron dinero.

Този човек разговарял с Мануел и те си разменили пари.

"Envuelva la mercancía antes de entregarla", sugirió.

„Опаковайте стоките, преди да ги доставите", предложи той.

La voz del hombre era áspera e impaciente mientras hablaba.

Гласът на мъжа беше дрезгав и нетърпелив, докато говореше.

Manuel ató cuidadosamente una cuerda gruesa alrededor del cuello de Buck.

Мануел внимателно завърза дебело въже около врата на Бък.

"Si retuerces la cuerda, lo estrangularás bastante"

„Усукай въжето и ще го задавиш яко."

El extraño emitió un gruñido, demostrando que entendía bien.

Непознатият изсумтя, показвайки, че е разбрал добре.

Buck aceptó la cuerda con calma y tranquila dignidad ese día.

В онзи ден Бък прие въжето със спокойно и тихо достойнство.

Fue un acto inusual, pero Buck confiaba en los hombres que conocía.

Това беше необичайна постъпка, но Бък се доверяваше на мъжете, които познаваше.

Él creía que su sabiduría iba mucho más allá de su propio pensamiento.

Той вярваше, че тяхната мъдрост далеч надхвърля собственото му мислене.

Pero entonces la cuerda fue entregada a manos del extraño.

Но тогава въжето беше предадено в ръцете на непознатия.

Buck emitió un gruñido bajo que advertía con una amenaza silenciosa.

Бък изръмжа тихо, предупредително с тиха заплаха.

Era orgulloso y autoritario y quería mostrar su descontento.

Той беше горд и властен и възнамеряваше да покаже недоволството си.

Buck creyó que su advertencia sería entendida como una orden.

Бък вярваше, че предупреждението му ще бъде разбрано като заповед.

Para su sorpresa, la cuerda se tensó rápidamente alrededor de su grueso cuello.

За негов шок, въжето се стегна бързо около дебелия му врат.

Se quedó sin aire y comenzó a luchar con una furia repentina.

Диханието му спря и той започна да се бори, обзет от внезапен гняв.

Saltó hacia el hombre, quien rápidamente se encontró con Buck en el aire.

Той скочи към мъжа, който бързо срещна Бък във въздуха.

El hombre agarró la garganta de Buck y lo retorció hábilmente en el aire.

Мъжът сграбчи Бък за гърлото и умело го завъртя във въздуха.

Buck fue arrojado al suelo con fuerza, cayendo de espaldas.

Бък беше силно хвърлен надолу и се приземи по гръб.

La cuerda ahora lo estrangulaba cruelmente mientras él pateaba salvajemente.

Въжето сега го души жестоко, докато той риташе диво.

Se le cayó la lengua, su pecho se agitó, pero no recuperó el aliento.

Езикът му изхлузи, гърдите му се повдигнаха, но не си пое дъх.

Nunca había sido tratado con tanta violencia en su vida.

Никога през живота си не се беше отнасял с такова насилие.

Tampoco nunca antes se había sentido tan lleno de furia.

Той също така никога преди не беше изпитвал такава дълбока ярост.

Pero el poder de Buck se desvaneció y sus ojos se volvieron vidriosos.

Но силата на Бък избледня и очите му се замъглиха.

Se desmayó justo cuando un tren se detuvo cerca.

Той припадна точно когато наблизо спря влак.

Luego los dos hombres lo arrojaron rápidamente al vagón de equipaje.

След това двамата мъже бързо го хвърлиха във вагона за багаж.

Lo siguiente que sintió Buck fue dolor en su lengua hinchada.

Следващото нещо, което Бък почувства, беше болка в подутия си език.

Se desplazaba en un carro tambaleante, apenas consciente.

Той се движеше в трепереща каруца, само смътно съзнавайки всичко.

El agudo grito del silbato del tren le indicó a Buck su ubicación.

Острият писък на влакова свирка подсказа на Бък местоположението му.

Había viajado muchas veces con el Juez y conocía esa sensación.

Той често беше яздил със Съдията и познаваше чувството.

Fue una experiencia única viajar nuevamente en un vagón de equipajes.

Това беше отново онова неповторимо усещане от пътуването в багажен вагон.

Buck abrió los ojos y su mirada ardía de rabia.

Бък отвори очи и погледът му горяше от ярост.

Esta fue la ira de un rey orgulloso destronado.

Това беше гневът на горд цар, свален от трона си.

Un hombre intentó agarrarlo, pero Buck lo atacó primero.

Един мъж се протегна да го хване, но Бък удари пръв.

Hundió los dientes en la mano del hombre y la sujetó con fuerza.

Той заби зъби в ръката на мъжа и я стисна здраво.

No lo soltó hasta que se desmayó por segunda vez.

Той не го пусна, докато не загуби съзнание за втори път.

—Sí, tiene ataques —murmuró el hombre al maletero.

— Да, има припадъци — промърмори мъжът на багажника.

El maletero había oído la lucha y se acercó.

Багажникът беше чул боричкането и се беше приближил.

"Lo llevaré a Frisco para el jefe", explicó el hombre.

„Водя го във Сан Франциско заради шефа", обясни мъжът.

"Allí hay un buen veterinario que dice poder curarlos".

„Там има един добър кучешки лекар, който казва, че може да ги излекува."

Más tarde esa noche, el hombre dio su propio relato completo.

По-късно същата вечер мъжът даде пълния си разказ.

Habló desde un cobertizo detrás de un salón en los muelles.

Той говореше от навес зад един салун на доковете.

"Lo único que me dieron fueron cincuenta dólares", se quejó al tabernero.

„Всичко, което ми дадоха, бяха петдесет долара", оплака се той на собственика на салуна.

"No lo volvería a hacer ni por mil dólares en efectivo".

„Не бих го направил отново, дори и за хиляда в брой."

Su mano derecha estaba fuertemente envuelta en un paño ensangrentado.

Дясната му ръка беше плътно увита в окървавена кърпа.

La pernera de su pantalón estaba abierta de par en par desde la rodilla hasta el pie.

Крачолът му беше широко разкъсан от коляното до петите.

—¿Cuánto le pagaron al otro tipo? —preguntó el tabernero.

„Колко е получил другият хал?" попита кръчмарят.

"Cien", respondió el hombre, "no aceptaría ni un centavo menos".

„Сто", отвърнал мъжът, „не би взел и цент по-малко."

—Eso suma ciento cincuenta —dijo el tabernero.

— Това прави сто и петдесет — каза кръчмарят.

"Y él lo vale todo, o no soy más que un idiota".

„И той си заслужава всичко, иначе не съм нищо повече от глупак."

El hombre abrió los envoltorios para examinar su mano.

Мъжът отвори опаковката, за да огледа ръката си.

La mano estaba gravemente desgarrada y cubierta de sangre seca.

Ръката беше силно разкъсана и покрита със засъхнала кръв.

"Si no consigo la hidrofobia…" empezó a decir.

„Ако не получа хидрофобия...", започна той.

"Será porque naciste para la horca", dijo entre risas.

„Ще е защото си роден да бесиш" – чу се смях.

"Ven a ayudarme antes de irte", le pidieron.

„Ела да ми помогнеш, преди да тръгнеш", помолиха го.

Buck estaba aturdido por el dolor en la lengua y la garganta.

Бък беше замаян от болката в езика и гърлото си.

Estaba medio estrangulado y apenas podía mantenerse en pie.

Той беше полуудушен и едва можеше да се държи изправен.

Aún así, Buck intentó enfrentar a los hombres que lo habían lastimado.

Въпреки това Бък се опита да се изправи срещу мъжете, които го бяха наранили толкова много.

Pero lo derribaron y lo estrangularon una vez más.

Но те го хвърлиха на земята и го задушиха отново.

Sólo entonces pudieron quitarle el pesado collar de bronce.

Едва тогава можеха да отрежат тежката му месингова яка.

Le quitaron la cuerda y lo metieron en una caja.

Махнаха въжето и го натикаха в сандък.

La caja era pequeña y tenía la forma de una tosca jaula de hierro.

Щандът беше малък и оформен като груба желязна клетка.

Buck permaneció allí toda la noche, lleno de ira y orgullo herido.

Бък лежа там цяла нощ, изпълнен с гняв и наранена гордост.

No podía ni siquiera empezar a comprender lo que le estaba pasando.

Той не можеше да започне да разбира какво му се случва.

¿Por qué estos hombres extraños lo mantenían en esa pequeña caja?

Защо тези странни мъже го държаха в този малък сандък?

¿Qué querían de él y por qué este cruel cautiverio?

Какво искаха от него и защо този жесток плен?

Sintió una presión oscura; una sensación de desastre que se acercaba.

Той усети мрачен натиск; предчувствие за приближаваща катастрофа.

Era un miedo vago, pero que se apoderó pesadamente de su espíritu.

Беше смътен страх, но той силно го смаза.

Saltó varias veces cuando la puerta del cobertizo vibró.

Няколко пъти той скачаше, когато вратата на бараката тракаше.

Esperaba que el juez o los muchachos aparecieran y lo rescataran.

Той очакваше Съдията или момчетата да се появят и да го спасят.

Pero cada vez sólo se asomaba el rostro gordo del tabernero.

Но само дебелото лице на кръчмаря надничаше вътре всеки път.

El rostro del hombre estaba iluminado por el tenue resplandor de una vela de sebo.

Лицето на мъжа беше осветено от слабата светлина на лоена свещ.

Cada vez, el alegre ladrido de Buck cambiaba a un gruñido bajo y enojado.

Всеки път радостният лай на Бък се променяше в ниско, гневно ръмжене.

El tabernero lo dejó solo durante la noche en el cajón.

Собственикът на кръчмата го остави сам за през нощта в клетката

Pero cuando se despertó por la mañana, venían más hombres.

Но когато се събуди сутринта, идваха още мъже.

Llegaron cuatro hombres y recogieron la caja con cuidado y sin decir palabra.

Четирима мъже дойдоха и предпазливо вдигнаха сандъка, без да кажат нито дума.

Buck supo de inmediato en qué situación se encontraba.

Бък веднага разбра в какво положение се намира.

Eran otros torturadores contra los que tenía que luchar y a los que tenía que temer.

Те бяха още мъчители, с които той трябваше да се бори и от които да се страхува.

Estos hombres parecían malvados, andrajosos y muy mal arreglados.

Тези мъже изглеждаха зли, дрипави и много зле поддържани.

Buck gruñó y se abalanzó sobre ellos ferozmente a través de los barrotes.

Бък изръмжа и се нахвърли яростно върху тях през решетките.

Ellos simplemente se rieron y lo golpearon con largos palos de madera.

Те само се смееха и го бодеха с дълги дървени пръчки.

Buck mordió los palos y luego se dio cuenta de que eso era lo que les gustaba.

Бък захапа пръчките, после осъзна, че точно това им харесва.

Así que se quedó acostado en silencio, hosco y ardiendo de rabia silenciosa.

И така, той легна тихо, навъсен и горящ от тиха ярост.

Subieron la caja a un carro y se fueron con él.

Те качиха сандъка в каруца и отпътуваха с него.

La caja, con Buck encerrado dentro, cambiaba de manos a menudo.

Щандът, в който Бък беше заключен вътре, често сменяше собственика си.

Los empleados de la oficina exprés se hicieron cargo de él y lo atendieron brevemente.

Служителите от експресната служба поеха контрола и се справиха с него за кратко.

Luego, otro carro transportó a Buck a través de la ruidosa ciudad.

След това друга каруца прекара Бък през шумния град.

Un camión lo llevó con cajas y paquetes a un ferry.

Камион го закарал с кутии и пакети на ферибот.

Después de cruzar, el camión lo descargó en una estación ferroviaria.

След като пресече, камионът го разтовари на железопътна гара.

Finalmente, colocaron a Buck dentro de un vagón expreso que lo esperaba.

Накрая Бък беше настанен в чакащ експресен вагон.

Durante dos días y dos noches, los trenes arrastraron el vagón expreso.

В продължение на два дни и нощи влаковете отдалечаваха експресния вагон.

Buck no comió ni bebió durante todo el doloroso viaje.

Бък нито яде, нито пи през цялото мъчително пътуване.

Cuando los mensajeros expresos intentaron acercarse a él, gruñó.

Когато куриерите се опитаха да се приближат до него, той изръмжа.

Ellos respondieron burlándose de él y molestándolo cruelmente.

Те отговориха, като му се подиграваха и го дразнеха жестоко.

Buck se arrojó contra los barrotes, echando espuma y temblando.

Бък се хвърли върху решетките, разпенен и трепереш

Se rieron a carcajadas y se burlaron de él como matones del patio de la escuela.

Те се смееха шумно и му се подиграваха като училищни побойници.

Ladraban como perros de caza y agitaban los brazos.

Те лаеха като фалшиви кучета и размахваха ръце.

Incluso cantaron como gallos sólo para molestarlo más.

Те дори пееха като петли, само за да го разстроят още повече.

Fue un comportamiento tonto y Buck sabía que era ridículo.

Това беше глупаво поведение и Бък знаеше, че е нелепо.

Pero eso sólo profundizó su sentimiento de indignación y vergüenza.

Но това само задълбочи чувството му на възмущение и срам.

Durante el viaje no le molestó mucho el hambre.

Не го притесняваше особено гладът по време на пътуването.

Pero la sed traía consigo un dolor agudo y un sufrimiento insoportable.

Но жаждата носеше остра болка и непоносимо страдание.

Su garganta y lengua secas e inflamadas ardían de calor.

Сухото му, възпалено гърло и език горяха от топлина.

Este dolor alimentó la fiebre que crecía dentro de su orgulloso cuerpo.

Тази болка подхранваше треската, която се надигаше в гордото му тяло.

Buck estuvo agradecido por una sola cosa durante esta prueba.

Бък беше благодарен за едно-единствено нещо по време на това изпитание.

Le habían quitado la cuerda que le rodeaba el grueso cuello.

Въжето беше свалено от дебелия му врат.

La cuerda había dado a esos hombres una ventaja injusta y cruel.

Въжето беше дало на тези мъже несправедливо и жестоко предимство.

Ahora la cuerda había desaparecido y Buck juró que nunca volvería.

Сега въжето го нямаше и Бък се закле, че никога няма да се върне.

Decidió que nunca más volvería a pasarle una cuerda al cuello.

Той реши никога повече да не увие въже около врата си.

Durante dos largos días y noches sufrió sin comer.

В продължение на два дълги дни и нощи той страдаше без храна.

Y en esas horas se fue acumulando en su interior una rabia enorme.

И в тези часове той натрупа в себе си огромна ярост.

Sus ojos se volvieron inyectados en sangre y salvajes por la ira constante.

Очите му станаха кръвясали и диви от постоянен гняв.

Ya no era Buck, sino un demonio con mandíbulas chasqueantes.

Той вече не беше Бък, а демон със щракащи челюсти.

Ni siquiera el juez habría reconocido a esta loca criatura.

Дори Съдията не би познал това лудо същество.

Los mensajeros exprés suspiraron aliviados cuando llegaron a Seattle.

Куриерите въздъхнаха с облекчение, когато стигнаха до Сиатъл

Cuatro hombres levantaron la caja y la llevaron a un patio trasero.

Четирима мъже вдигнаха сандъка и го занесоха в задния двор.

El patio era pequeño, rodeado de muros altos y sólidos.

Дворът беше малък, ограден с високи и солидни стени.

Un hombre corpulento salió con una camisa roja holgada.

Едър мъж излезе с увиснала червена риза-пуловер.

Firmó el libro de entrega con letra gruesa y atrevida.

Той подписа книгата за доставки с дебел и дебел почерк.

Buck sintió de inmediato que este hombre era su próximo torturador.

Бък веднага усети, че този мъж е следващият му мъчител.

Se abalanzó violentamente contra los barrotes, con los ojos rojos de furia.

Той се нахвърли яростно върху решетките, очите му бяха зачервени от ярост.

El hombre simplemente sonrió oscuramente y fue a buscar un hacha.

Мъжът само се усмихна мрачно и отиде да донесе брадва.

También traía un garrote en su gruesa y fuerte mano derecha.

Той също така донесе тояга в дебелата си и силна дясна ръка.

"**¿Vas a sacarlo ahora?**" **preguntó preocupado el conductor.**

— Ще го изведеш ли сега? — попита загрижено шофьорът.

—**Claro** —**dijo el hombre, metiendo el hacha en la caja a modo de palanca.**

— Разбира се — каза мъжът, забивайки брадвичката в сандъка като лост.

Los cuatro hombres se dispersaron instantáneamente y saltaron al muro del patio.

Четиримата мъже се разпръснаха мигновено, скачайки върху стената на двора.

Desde sus lugares seguros arriba, esperaban para observar el espectáculo.

От безопасните си места горе те чакаха да наблюдават зрелището.

Buck se abalanzó sobre la madera astillada, mordiéndola y sacudiéndola ferozmente.

Бък се нахвърли върху разцепеното дърво, хапейки и треперейки яростно.

Cada vez que el hacha golpeaba la jaula, Buck estaba allí para atacarla.

Всеки път, когато брадвата удряше клетката, Бък беше там, за да я атакува.

Gruñó y chasqueó los dientes con furia salvaje, ansioso por ser liberado.

Той ръмжеше и щракаше с дива ярост, нетърпелив да бъде освободен.

El hombre que estaba afuera estaba tranquilo y firme, concentrado en su tarea.

Мъжът отвън беше спокоен и уравновесен, съсредоточен върху задачата си.

"Muy bien, demonio de ojos rojos", dijo cuando el agujero fue grande.

— Добре тогава, червенооки дяволче — каза той, когато дупката стана голяма.

Dejó caer el hacha y tomó el garrote con su mano derecha.

Той хвърли брадвата и взе тоягата в дясната си ръка.

Buck realmente parecía un demonio; con los ojos inyectados en sangre y llameantes.

Бък наистина приличаше на дявол; очи кръвясали и пламтящи.

Su pelaje se erizó, le salía espuma por la boca y sus ojos brillaban.

Козината му настръхна, пяна се издигна от устата му, очите му блестяха.

Tensó los músculos y se lanzó directamente hacia el suéter rojo.

Той стегна мускули и се хвърли право към червения пуловер.

Ciento cuarenta libras de furia volaron hacia el hombre tranquilo.

Сто и четиридесет паунда ярост полетяха към спокойния мъж.

Justo antes de que sus mandíbulas se cerraran, un golpe terrible lo golpeó.

Точно преди челюстите му да се стиснат, го удари ужасен удар.

Sus dientes chasquearon al chocar contra nada más que el aire.

Зъбите му щракнаха само във въздуха

Una sacudida de dolor resonó a través de su cuerpo

пронизителна болка прониза тялото му

Dio una vuelta en el aire y se estrelló sobre su espalda y su costado.

Той се преобърна във въздуха и се срина по гръб и настрани.

Nunca antes había sentido el golpe de un garrote y no podía agarrarlo.

Никога преди не беше усещал удар с тояга и не можеше да го схване.

Con un gruñido estridente, mitad ladrido, mitad grito, saltó de nuevo.

С пронизително ръмжене, отчасти лай, отчасти писък, той скочи отново.

Otro golpe brutal lo alcanzó y lo arrojó al suelo.

Още един жесток удар го удари и го хвърли на земята.

Esta vez Buck lo entendió: era el pesado garrote del hombre.

Този път Бък разбра — това беше тежката тояга на мъжа.

Pero la rabia lo cegó y no pensó en retirarse.

Но яростта го заслепи и той не помисли за отстъпление.

Doce veces se lanzó y doce veces cayó.

Дванадесет пъти се хвърли и дванадесет пъти падна.

El palo de madera lo golpeaba cada vez con una fuerza despiadada y aplastante.

Дървената тояга го разбиваше всеки път с безмилостна, смазваща сила.

Después de un golpe feroz, se tambaleó hasta ponerse de pie, aturdido y lento.

След един силен удар, той се изправи на крака, замаян и бавен.

Le salía sangre de la boca, de la nariz y hasta de las orejas.

Кръв течеше от устата, носа и дори ушите му.

Su pelaje, otrora hermoso, estaba manchado de espuma sanguinolenta.

Някогашното му красиво палто беше оцапано с кървава пяна.

Entonces el hombre se adelantó y le dio un golpe tremendo en la nariz.

Тогава мъжът се изправи и нанесе жесток удар в носа.

La agonía fue más aguda que cualquier cosa que Buck hubiera sentido jamás.

Агонията беше по-силна от всичко, което Бък някога беше изпитвал.

Con un rugido más de bestia que de perro, saltó nuevamente para atacar.

С рев, по-скоро зверски, отколкото кучешки, той отново скочи, за да атакува.

Pero el hombre se agarró la mandíbula inferior y la torció hacia atrás.

Но мъжът хвана долната му челюст и я изви назад.

Buck se dio una vuelta de cabeza y volvió a caer con fuerza.

Бък се преобърна с главата надолу и отново се срина силно.

Una última vez, Buck cargó contra él, ahora apenas capaz de mantenerse en pie.

За последен път Бък се нахвърли върху него, едва издържайки на крака.

El hombre atacó con una sincronización experta, dando el golpe final.

Мъжът удари с експертно прецизно преценяване на времето, нанасяйки последния удар.

Buck se desplomó en un montón, inconsciente e inmóvil.

Бък се строполи на купчина, в безсъзнание и неподвижен.

"No es ningún inútil a la hora de domar perros, eso es lo que digo", gritó un hombre.

„Не е никак слаб в обучаването на кучета, това казвам аз", извика един мъж.

"Druther puede quebrar la voluntad de un perro cualquier día de la semana".

„Друтер може да пречупи волята на куче по всяко време на седмицата."

"¡Y dos veces el domingo!" añadió el conductor.

„И два пъти в неделя!", добави шофьорът.

Se subió al carro y tiró de las riendas para partir.

Той се качи в каруцата и дръпна юздите, за да тръгне.

Buck recuperó lentamente el control de su conciencia.

Бък бавно възвърна контрола над съзнанието си

Pero su cuerpo todavía estaba demasiado débil y roto para moverse.

но тялото му все още беше твърде слабо и съкрушено, за да се движи.

Se quedó donde había caído, observando al hombre del suéter rojo.

Той лежеше там, където беше паднал, и наблюдаваше мъжа с червен пуловер.

"Responde al nombre de Buck", dijo el hombre, leyendo en voz alta.

— Откликва на името Бък — каза мъжът, четейки на глас.

Citó la nota enviada con la caja de Buck y los detalles.

Той цитира бележката, изпратена със сандъка на Бък, и подробностите.

—Bueno, Buck, muchacho —continuó el hombre con tono amistoso—.

— Е, Бък, момчето ми — продължи мъжът с приятелски тон,

"Hemos tenido nuestra pequeña pelea y ahora todo ha terminado entre nosotros".

„Скарахме се малко и сега всичко между нас приключи."

"Tú has aprendido cuál es tu lugar y yo he aprendido cuál es el mío", añadió.

„Ти си научил мястото си, а аз научих моето", добави той.

"Sé bueno y todo irá bien y la vida será placentera".

„Бъди добър и всичко ще бъде наред, а животът ще бъде приятен."

"Pero si te portas mal, te daré una paliza, ¿entiendes?"

„Но ако бъдеш лош, ще те пребия от бой, разбираш ли?"

Mientras hablaba, extendió la mano y acarició la cabeza dolorida de Buck.

Докато говореше, той протегна ръка и потупа болната глава на Бък.

El cabello de Buck se erizó ante el toque del hombre, pero no se resistió.

Косата на Бък се надигна от докосването на мъжа, но той не се съпротивляваше.

El hombre le trajo agua, que Buck bebió a grandes tragos.

Мъжът му донесе вода, която Бък изпи на големи глътки.

Luego vino la carne cruda, que Buck devoró trozo a trozo.

След това дойде сурово месо, което Бък поглъщаше парче по парче.

Sabía que estaba derrotado, pero también sabía que no estaba roto.

Той знаеше, че е победен, но знаеше също, че не е съкрушен.

No tenía ninguna posibilidad contra un hombre armado con un garrote.

Той нямаше никакъв шанс срещу мъж, въоръжен с тояга.

Había aprendido la verdad y nunca olvidó esa lección.

Той беше научил истината и никога не забрави този урок.

Esa arma fue el comienzo de la ley en el nuevo mundo de Buck.

Това оръжие беше началото на закона в новия свят на Бък.

Fue el comienzo de un orden duro y primitivo que no podía negar.

Това беше началото на един суров, примитивен ред, който той не можеше да отрече.

Aceptó la verdad; sus instintos salvajes ahora estaban despiertos.

Той прие истината; дивите му инстинкти сега бяха будни.

El mundo se había vuelto más duro, pero Buck lo afrontó con valentía.

Светът беше станал по-суров, но Бък смело се изправи срещу него.

Afrontó la vida con nueva cautela, astucia y fuerza silenciosa.

Той посрещна живота с нова предпазливост, хитрост и тиха сила.

Llegaron más perros, atados con cuerdas o cajas como había estado Buck.

Пристигнаха още кучета, вързани с въжета или сандъци, както беше Бък.

Algunos perros llegaron con calma, otros se enfurecieron y pelearon como bestias salvajes.

Някои кучета идваха спокойно, други беснееха и се бореха като диви зверове.

Todos ellos quedaron bajo el dominio del hombre del suéter rojo.

Всички те бяха подчинени на властта на мъжа с червения пуловер.

Cada vez, Buck observaba y veía cómo se desarrollaba la misma lección.

Всеки път Бък наблюдаваше и виждаше как се разгръща един и същ урок.

El hombre con el garrote era la ley, un amo al que había que obedecer.

Мъжът с тоягата беше закон; господар, на когото трябва да се подчинява.

No necesitaba ser querido, pero sí obedecido.

Нямаше нужда да бъде харесван, но трябваше да му се подчиняват.

Buck nunca adulaba ni meneaba la cola como lo hacían los perros más débiles.

Бък никога не се подмазваше, нито махаше с ръце, както правеха по-слабите кучета.

Vio perros que estaban golpeados y todavía lamían la mano del hombre.

Той видя кучета, които бяха бити, и въпреки това облизваха ръката на мъжа.

Vio un perro que no obedecía ni se sometía en absoluto.

Той видя едно куче, което изобщо не се подчиняваше, нито пък се покоряваше.

Ese perro luchó hasta que murió en la batalla por el control.

Това куче се бори, докато не беше убито в битката за контрол.

A veces, desconocidos venían a ver al hombre del suéter rojo.

Понякога непознати идваха да видят мъжа с червен пуловер.

Hablaban en tonos extraños, suplicando, negociando y riendo.

Те говореха със странен тон, умоляваха, пазаряха се и се смееха.

Cuando se intercambiaba dinero, se iban con uno o más perros.

Когато се разменяха пари, те си тръгваха с едно или повече кучета.

Buck se preguntó a dónde habían ido esos perros, pues ninguno regresaba jamás.

Бък се зачуди къде са отишли тези кучета, защото никое никога не се е връщало.

El miedo a lo desconocido llenaba a Buck cada vez que un hombre extraño se acercaba.

Страхът от неизвестното изпълваше Бък всеки път, когато се появяваше непознат мъж.

Se alegraba cada vez que se llevaban a otro perro en lugar de a él mismo.

Той се радваше всеки път, когато отвличаха друго куче, а не него самия.

Pero finalmente, llegó el turno de Buck con la llegada de un hombre extraño.

Но най-накрая дойде ред на Бък с появата на един странен мъж.

Era pequeño, fibroso y hablaba un inglés deficiente y decía palabrotas.

Той беше дребен, жилав и говореше на развален английски и ругаеше.

—¡Sacredam! —gritó cuando vio el cuerpo de Buck.

„Сакредам!" извика той, когато зърна тялото на Бък.

—¡Qué perro tan bravucón! ¿Eh? ¿Cuánto? —preguntó en voz alta.

„Това е едно проклето куче-таксист! А? Колко?" попита той на глас.

"Trescientos, y es un regalo a ese precio".

„Триста, а на тази цена е подарък."

—Como es dinero del gobierno, no deberías quejarte, Perrault.

„Тъй като това са държавни пари, не бива да се оплакваш, Перо."

Perrault sonrió ante el trato que acababa de hacer con aquel hombre.

Перо се ухили на сделката, която току-що беше сключил с мъжа.

El precio de los perros se disparó debido a la repentina demanda.

Цената на кучетата се беше покачила рязко поради внезапното търсене.

Trescientos dólares no era injusto para una bestia tan bella.

Триста долара не бяха несправедливи за такъв хубав звяр.

El gobierno canadiense no perdería nada con el acuerdo

Канадското правителство няма да загуби нищо от сделката

Además sus despachos oficiales tampoco sufrirían demoras en el tránsito.

Нито пък официалните им пратки биха се забавили при транспортиране.

Perrault conocía bien a los perros y podía ver que Buck era algo raro.

Перо познаваше добре кучетата и можеше да види, че Бък е нещо рядко срещано.

"Uno entre diez diez mil", pensó mientras estudiaba la complexión de Buck.

„Едно на десет десет хиляди", помисли си той, докато изучаваше телосложението на Бък.

Buck vio que el dinero cambiaba de manos, pero no mostró sorpresa.

Бък видя как парите сменят собственика си, но не показа изненада.

Pronto él y Curly, un gentil Terranova, fueron llevados lejos.

Скоро той и Кърли, кротък нюфаундленд, бяха отведени.

Siguieron al hombrecito desde el patio del suéter rojo.

Те последваха дребния мъж от двора на червения пуловер.

Esa fue la última vez que Buck vio al hombre con el garrote de madera.

Това беше последният път, когато Бък видя човека с дървената тояга.

Desde la cubierta del Narwhal vio cómo Seattle se desvanecía en la distancia.

От палубата на „Нарвал" той наблюдаваше как Сиатъл се изгуби в далечината.

También fue la última vez que vio las cálidas tierras del Sur.

Това беше и последният път, когато видя топлата Южна земя.

Perrault los llevó bajo cubierta y los dejó con François.

Перо ги заведе под палубата и ги остави с Франсоа.

François era un gigante de cara negra y manos ásperas y callosas.

Франсоа беше чернолик гигант с груби, мазолести ръце.

Era oscuro y moreno, un mestizo francocanadiense.

Той беше тъмен и мургав; полукръвен френско-канадец.

Para Buck, estos hombres eran de un tipo que nunca había visto antes.

За Бък тези мъже бяха от вид, каквито никога преди не беше виждал.

En los días venideros conocería a muchos hombres así.

В идните дни щеше да се запознае с много такива мъже.

No llegó a encariñarse con ellos, pero llegó a respetarlos.

Той не ги привлякъл, но започнал да ги уважава.

Eran justos y sabios, y no se dejaban engañar fácilmente por ningún perro.

Те бяха справедливи и мъдри и не се подвеждаха лесно от никое куче.

Juzgaban a los perros con calma y castigaban sólo cuando lo merecían.

Те съдеха кучетата спокойно и наказваха само когато бяха заслужени.

En la cubierta inferior del Narwhal, Buck y Curly se encontraron con dos perros.

В долната палуба на „Нарвал" Бък и Кърли срещнали две кучета.

Uno de ellos era un gran perro blanco procedente de la lejana y gélida región de Spitzbergen.

Едното беше голямо бяло куче от далечен, леден Шпицберген.

Una vez navegó con un ballenero y se unió a un grupo de investigación.

Веднъж беше плавал с китоловен кораб и се беше присъединил към изследователска група.

Era amigable de una manera astuta, deshonesta y tramposa.

Той беше дружелюбен по хитър, подъл и хитър начин.

En su primera comida, robó un trozo de carne de la sartén de Buck.

На първото им хранене той открадна парче месо от тигана на Бък.

Buck saltó para castigarlo, pero el látigo de François golpeó primero.

Бък скочи да го накаже, но камшикът на Франсоа го удари пръв.

El ladrón blanco gritó y Buck recuperó el hueso robado.

Белият крадец извика и Бък си взе обратно откраднатата кост.

Esa imparcialidad impresionó a Buck y François se ganó su respeto.

Тази справедливост впечатли Бък и Франсоа спечели уважението му.

El otro perro no saludó y no quiso recibir saludos a cambio.

Другото куче не поздрави и не поиска поздрав в замяна.

No robaba comida ni olfateaba con interés a los recién llegados.

Той не крадеше храна, нито пък подушваше с интерес новодошлите.

Este perro era sombrío y silencioso, melancólico y de movimientos lentos.

Това куче беше мрачно и тихо, мрачно и бавно движещо се.

Le advirtió a Curly que se mantuviera alejada simplemente mirándola fijamente.

Той предупреди Кърли да стои настрана, като просто я изгледа свирепо.

Su mensaje fue claro: déjenme en paz o habrá problemas.

Посланието му беше ясно: оставете ме на мира или ще има проблеми.

Se llamaba Dave y apenas se fijaba en su entorno.

Казваше се Дейв и едва забелязваше обкръжението си.

Dormía a menudo, comía tranquilamente y bostezaba de vez en cuando.

Той спеше често, ядеше тихо и се прозяваше от време на време.

El barco zumbaba constantemente con la hélice golpeando debajo.

Корабът бръмчеше непрекъснато, а витлото биеше отдолу.

Los días pasaron con pocos cambios, pero el clima se volvió más frío.

Дните минаваха с малка промяна, но времето ставаше по-студено.

Buck podía sentirlo en sus huesos y notó que los demás también lo sentían.

Бък го усещаше в костите си и забеляза, че и другите го усещат.

Entonces, una mañana, la hélice se detuvo y todo quedó en silencio.

Тогава една сутрин витлото спря и всичко замлъкна.

Una energía recorrió la nave; algo había cambiado.

Енергия премина през кораба; нещо се беше променило.

François bajó, les puso las correas y los trajo arriba.

Франсоа слезе долу, завърза ги на каишки и ги изведе горе.

Buck salió y encontró el suelo suave, blanco y frío.

Бък излезе и откри, че земята е мека, бяла и студена.

Saltó hacia atrás alarmado y resopló totalmente confundido.

Той отскочи назад разтревожен и изсумтя напълно объркано.

Una extraña sustancia blanca caía del cielo gris.

Странни бели неща падаха от сивото небе.

Se sacudió, pero los copos blancos seguían cayendo sobre él.

Той се разтърси, но белите слюнки продължаваха да кацат върху него.

Olió con cuidado la sustancia blanca y lamió algunos trocitos helados.

Той внимателно подуши бялото вещество и облиза няколко ледени парченца.

El polvo ardió como fuego y luego desapareció de su lengua.

Прахът гореше като огън, след което изчезна от езика му.

Buck lo intentó de nuevo, desconcertado por la extraña frialdad que desaparecía.

Бък опита отново, озадачен от странната изчезваща студенина.

Los hombres que lo rodeaban se rieron y Buck se sintió avergonzado.

Мъжете около него се засмяха и Бък се почувства неудобно.

No sabía por qué, pero le avergonzaba su reacción.

Не знаеше защо, но се срамуваше от реакцията си.

Fue su primera experiencia con la nieve y le confundió.

Това беше първият му опит със сняг и това го обърка.

La ley del garrote y el colmillo
Законът на палицата и зъба

El primer día de Buck en la playa de Dyea se sintió como una terrible pesadilla.

Първият ден на Бък на плажа Дайя се стори като ужасен кошмар.

Cada hora traía nuevas sorpresas y cambios inesperados para Buck.

Всеки час носеше нови шокове и неочаквани промени за Бък.

Lo habían sacado de la civilización y lo habían arrojado a un caos salvaje.

Той беше изтръгнат от цивилизацията и хвърлен в див хаос.

Aquella no era una vida soleada y tranquila, llena de aburrimiento y descanso.

Това не беше слънчев, мързелив живот със скука и почивка.

No había paz, ni descanso, ni momento sin peligro.

Нямаше мир, нямаше почивка и нямаше миг без опасност.

La confusión lo dominaba todo y el peligro siempre estaba cerca.

Объркването цареше навсякъде, а опасността винаги беше наблизо.

Buck tuvo que mantenerse alerta porque estos hombres y perros eran diferentes.

Бък трябваше да бъде нащрек, защото тези мъже и кучета бяха различни.

No eran de pueblos; eran salvajes y sin piedad.

Те не бяха от градове; бяха диви и безмилостни.

Estos hombres y perros sólo conocían la ley del garrote y el colmillo.

Тези мъже и кучета познаваха само закона на тоягата и зъба.

Buck nunca había visto perros pelear como estos salvajes huskies.

Бък никога не беше виждал кучета да се бият така, както тези свирепи хъскита.

Su primera experiencia le enseñó una lección que nunca olvidaría.

Първото му преживяване го научи на урок, който никога нямаше да забрави.

Tuvo suerte de que no fuera él, o habría muerto también.

Имаше късмет, че не беше той, иначе и той щеше да умре.

Curly fue el que sufrió mientras Buck observaba y aprendía.

Кърли беше този, който страдаше, докато Бък наблюдаваше и се учеше.

Habían acampado cerca de una tienda construida con troncos.

Бяха направили лагер близо до магазин, построен от трупи.

Curly intentó ser amigable con un husky grande, parecido a un lobo.

Кърли се опита да бъде приятелски настроен към голямо, подобно на вълк хъски.

El husky era más pequeño que Curly, pero parecía salvaje y malvado.

Хъскито беше по-малко от Кърли, но изглеждаше диво и злобно.

Sin previo aviso, saltó y le abrió el rostro.

Без предупреждение той скочи и разпори лицето ѝ.

Sus dientes la atravesaron desde el ojo hasta la mandíbula en un solo movimiento.

Зъбите му се прорязаха от окото ѝ до челюстта ѝ с едно движение.

Así era como peleaban los lobos: golpeaban rápido y saltaban.

Ето как се биеха вълците - удряха бързо и отскачаха.

Pero había mucho más que aprender de ese único ataque.

Но имаше още много неща за поука освен от тази единствена атака.

Decenas de huskies entraron corriendo y formaron un círculo silencioso.

Десетки хъските се втурнаха и направиха безшумен кръг.

Observaron atentamente y se lamieron los labios con hambre.

Те наблюдаваха внимателно и облизваха устни от глад.

Buck no entendió su silencio ni sus miradas ansiosas.

Бък не разбираше нито мълчанието им, нито нетърпеливите им очи.

Curly se apresuró a atacar al husky por segunda vez.

Кърли се втурна да атакува хъските за втори път.

Él usó su pecho para derribarla con un movimiento fuerte.

Той използва гърдите си, за да я събори със силно движение.

Ella cayó de lado y no pudo levantarse más.

Тя падна настрани и не можа да се изправи отново.

Eso era lo que los demás habían estado esperando todo el tiempo.

Това беше, което останалите чакаха през цялото време.

Los perros esquimales saltaron sobre ella, aullando y gruñendo frenéticamente.

Хъскитата скочиха върху нея, виейки и ръмжейки бясно.

Ella gritó cuando la enterraron bajo una pila de perros.

Тя крещеше, докато я заравяха под купчина кучета.

El ataque fue tan rápido que Buck se quedó paralizado por la sorpresa.

Атаката беше толкова бърза, че Бък замръзна на място от шок.

Vio a Spitz sacar la lengua de una manera que parecía una risa.

Той видя как Шпиц показа език по начин, който приличаше на смях.

François cogió un hacha y corrió directamente hacia el grupo de perros.

Франсоа грабна брадва и се втурна право в групата кучета.

Otros tres hombres usaron palos para ayudar a ahuyentar a los perros esquimales.

Трима други мъже използваха тояги, за да помогнат на хъскитата да прогонят.

En sólo dos minutos, la pelea terminó y los perros desaparecieron.

Само за две минути битката приключи и кучетата ги нямаше.

Curly yacía muerta en la nieve roja y pisoteada, con su cuerpo destrozado.

Кърли лежеше мъртва в червения, утъпкан сняг, тялото ѝ беше разкъсано на парчета.

Un hombre de piel oscura estaba de pie sobre ella, maldiciendo la brutal escena.

Тъмнокож мъж стоеше над нея и проклинаше жестоката сцена.

El recuerdo permaneció con Buck y atormentó sus sueños por la noche.

Споменът остана с Бък и го преследваше в сънищата през нощта.

Así era aquí: sin justicia, sin segundas oportunidades.

Така беше тук; без справедливост, без втори шанс.

Una vez que un perro caía, los demás lo mataban sin piedad.

Щом куче паднеше, останалите го убиваха безмилостно.

Buck decidió entonces que nunca se permitiría caer.

Тогава Бък реши, че никога няма да си позволи да падне.

Spitz volvió a sacar la lengua y se rió de la sangre.

Шпиц отново показа език и се засмя на кръвта.

Desde ese momento, Buck odió a Spitz con todo su corazón.

От този момент нататък Бък намрази Шпиц с цялото си сърце.

Antes de que Buck pudiera recuperarse de la muerte de Curly, sucedió algo nuevo.

Преди Бък да успее да се възстанови от смъртта на Кърли, се случи нещо ново.

François se acercó y ató algo alrededor del cuerpo de Buck.

Франсоа се приближи и завърза нещо около тялото на Бък.

Era un arnés como los que usaban los caballos en el rancho.

Беше сбруя, подобна на тези, използвани за конете в ранчото.

Así como Buck había visto trabajar a los caballos, ahora él también estaba obligado a trabajar.

Както Бък беше виждал конете да работят, сега и той беше принуден да работи.

Tuvo que arrastrar a François en un trineo hasta el bosque cercano.

Трябваше да закара Франсоа с шейна в близката гора.

Después tuvo que arrastrar una carga de leña pesada.

След това трябваше да издърпа назад товар от тежки дърва за огрев.

Buck era orgulloso, por eso le dolía que lo trataran como a un animal de trabajo.

Бък беше горд, затова го болеше, че се отнасят с него като с работно животно.

Pero él era sabio y no intentó luchar contra la nueva situación.

Но той беше мъдър и не се опита да се бори с новата ситуация.

Aceptó su nueva vida y dio lo mejor de sí en cada tarea.

Той прие новия си живот и даде най-доброто от себе си във всяка задача.

Todo en la obra le resultaba extraño y desconocido.

Всичко в работата му беше странно и непознато.

Francisco era estricto y exigía obediencia sin demora.

Франсоа беше строг и изискваше подчинение без забавяне.

Su látigo garantizaba que cada orden fuera seguida al instante.

Камшикът му се грижеше всяка команда да се изпълнява едновременно.

Dave era el que conducía el trineo, el perro que estaba más cerca de él, detrás de Buck.

Дейв беше кучето, което седеше най-близо до шейната зад Бък.

Dave mordió a Buck en las patas traseras si cometía un error.

Дейв хапеше Бък по задните крака, ако той правеше грешка.

Spitz era el perro líder, hábil y experimentado en su función.

Шпиц беше водещото куче, умело и опитно в ролята.

Spitz no pudo alcanzar a Buck fácilmente, pero aún así lo corrigió.

Шпиц не можа лесно да достигне до Бък, но все пак го поправи.

Gruñó con dureza o tiró del trineo de maneras que le enseñaron a Buck.

Той ръмжеше грубо или дърпаше шейната по начин, който поучи Бък.

Con este entrenamiento, Buck aprendió más rápido de lo que cualquiera de ellos esperaba.

С това обучение Бък се учеше по-бързо, отколкото който и да е от тях очакваше.

Trabajó duro y aprendió tanto de François como de los otros perros.

Той работеше усилено и се учеше както от Франсоа, така и от другите кучета.

Cuando regresaron, Buck ya conocía los comandos clave.

Когато се върнаха, Бък вече знаеше основните команди.

Aprendió a detenerse al oír la palabra "ho" gracias a François.

Той се научи да спира при звука на „хо" от Франсоа.

Aprendió cuando tenía que tirar del trineo y correr.

Той научи кога трябва да тегли шейната и да бяга.

Aprendió a girar abiertamente en las curvas del camino sin problemas.

Той се научи да завива широко на завоите по пътеката без проблем.

También aprendió a evitar a Dave cuando el trineo descendía rápidamente.

Той също така се научи да избягва Дейв, когато шейната се спускаше бързо надолу.

"Son perros muy buenos", le dijo orgulloso François a Perrault.

„Те са много добри кучета", гордо каза Франсоа на Перо.

"Ese Buck tira como un demonio. Le enseño rapidísimo".

„Този Бък дърпа страхотно — уча го най-бързо."

Más tarde ese día, Perrault regresó con dos perros husky más.

По-късно същия ден Перо се върна с още две хъските.

Se llamaban Billee y Joe y eran hermanos.

Казваха се Били и Джо и бяха братя.

Venían de la misma madre, pero no se parecían en nada.

Те произлизаха от една и съща майка, но изобщо не си приличаха.

Billee era de carácter dulce y muy amigable con todos.

Били беше мила и прекалено дружелюбна с всички.

Joe era todo lo contrario: tranquilo, enojado y siempre gruñendo.

Джо беше точно обратното - тих, ядосан и винаги ръмжещ.

Buck los saludó de manera amigable y se mostró tranquilo con ambos.

Бък ги поздрави приятелски и беше спокоен и с двамата.

Dave no les prestó atención y permaneció en silencio como siempre.

Дейв не им обърна внимание и мълчеше както обикновено.

Spitz atacó primero a Billee, luego a Joe, para demostrar su dominio.

Шпиц атакува първо Били, а после Джо, за да покаже господството си.

Billee movió la cola y trató de ser amigable con Spitz.

Били махаше с опашка и се опитваше да бъде приятелски настроен към Шпиц.

Cuando eso no funcionó, intentó huir.

Когато това не се получи, той се опита да избяга.

Lloró tristemente cuando Spitz lo mordió fuerte en el costado.

Той се разплака тъжно, когато Шпиц го ухапа силно отстрани.

Pero Joe era muy diferente y se negaba a dejarse intimidar.

Но Джо беше много различен и отказа да бъде тормозен.

Cada vez que Spitz se acercaba, Joe giraba rápidamente para enfrentarlo.

Всеки път, когато Шпиц се приближаваше, Джо се обръщаше бързо към него.

Su pelaje se erizó, sus labios se curvaron y sus dientes chasquearon salvajemente.

Козината му настръхна, устните му се извиха, а зъбите му щракаха диво.

Los ojos de Joe brillaron de miedo y rabia, desafiando a Spitz a atacar.

Очите на Джо блестяха от страх и ярост, предизвиквайки Шпиц да удари.

Spitz abandonó la lucha y se alejó, humillado y enojado.

Шпиц се отказа от битката и се обърна, унижен и ядосан.

Descargó su frustración en el pobre Billee y lo ahuyentó.

Той изля ядосанието си върху горкия Били и го прогони.

Esa noche, Perrault añadió un perro más al equipo.

Същата вечер Перо добави още едно куче към отбора.

Este perro era viejo, delgado y cubierto de cicatrices de batalla.

Това куче беше старо, слабо и покрито с бойни белези.

Le faltaba un ojo, pero el otro brillaba con poder.

Едното му око липсваше, но другото светеше мощно.

El nombre del nuevo perro era Solleks, que significaba "el enojado".

Новото куче се казвало Солекс, което означавало Гневният.

Al igual que Dave, Solleks no pidió nada a los demás y no dio nada a cambio.

Подобно на Дейв, Солекс не искаше нищо от другите и не даваше нищо в замяна.

Cuando Solleks entró lentamente al campamento, incluso Spitz se mantuvo alejado.

Когато Солекс бавно влезе в лагера, дори Шпиц остана настрана.

Tenía un hábito extraño que Buck tuvo la mala suerte de descubrir.

Той имаше странен навик, който Бък за нещастието не успя да открие.

A Solleks le disgustaba que se acercaran a él por el lado donde estaba ciego.

Солекс мразеше да го приближават от страната, където е сляп.

Buck no sabía esto y cometió ese error por accidente.

Бък не знаеше това и направи тази грешка случайно.

Solleks se dio la vuelta y cortó el hombro de Buck profunda y rápidamente.

Солекс се завъртя и замахна дълбоко и бързо по рамото на Бък.

A partir de ese momento, Buck nunca se acercó al lado ciego de Solleks.

От този момент нататък Бък никога не се приближаваше до сляпата страна на Солекс.

Nunca volvieron a tener problemas durante el resto del tiempo que estuvieron juntos.

Те никога повече не са имали проблеми до края на времето, което са били заедно.

Solleks sólo quería que lo dejaran solo, como el tranquilo Dave.

Солекс искаше само да бъде оставен на мира, като тихия Дейв.

Pero Buck se enteraría más tarde de que cada uno tenía otro objetivo secreto.

Но по-късно Бък щеше да научи, че всеки от тях има друга тайна цел.

Esa noche, Buck se enfrentó a un nuevo y preocupante desafío: cómo dormir.

Същата нощ Бък се изправи пред ново и обезпокоително предизвикателство – как да спи.

La tienda brillaba cálidamente con la luz de las velas en el campo nevado.

Палатката светеше топло от светлината на свещи в заснеженото поле.

Buck entró, pensando que podría descansar allí como antes.

Бък влезе вътре, мислейки си, че може да си почине там както преди.

Pero Perrault y François le gritaron y le lanzaron sartenes.

Но Перо и Франсоа му се развикаха и хвърляха тигани.

Sorprendido y confundido, Buck corrió hacia el frío helado.

Шокиран и объркан, Бък изтича навън в ледения студ.

Un viento amargo le azotó el hombro herido y le congeló las patas.

Силен вятър жилеше раненото му рамо и измръзваше лапите му.

Se tumbó en la nieve y trató de dormir al aire libre.

Той легна в снега и се опита да спи на открито.

Pero el frío pronto le obligó a levantarse de nuevo, temblando mucho.

Но студът скоро го принуди да се изправи отново, треперейки силно.

Deambuló por el campamento intentando encontrar un lugar más cálido.

Той се скиташе из лагера, опитвайки се да намери по-топло място.

Pero cada rincón estaba tan frío como el anterior.

Но всеки ъгъл беше също толкова студен, колкото и предишния.

A veces, perros salvajes saltaban sobre él desde la oscuridad.

Понякога свирепи кучета скачаха върху него от тъмнината.

Buck erizó su pelaje, mostró los dientes y gruñó en señal de advertencia.

Бък настръхна, оголи зъби и изръмжа предупредително.

Estaba aprendiendo rápido y los otros perros se alejaban rápidamente.

Той се учеше бързо и другите кучета бързо се отдръпваха.

Aún así, no tenía dónde dormir ni idea de qué hacer.

Въпреки това, той нямаше къде да спи и нямаше представа какво да прави.

Por fin se le ocurrió una idea: ver cómo estaban sus compañeros de equipo.

Накрая му хрумна една мисъл — да провери съотборниците си.

Regresó a su zona y se sorprendió al descubrir que habían desaparecido.

Той се върнал в техния район и бил изненадан, че ги няма.

Nuevamente buscó por todo el campamento, pero todavía no pudo encontrarlos.

Той отново претърси лагера, но пак не можа да ги намери.

Sabía que ellos no podían estar en la tienda, o él también lo estaría.

Знаеше, че не могат да бъдат в палатката, иначе и той щеше да е.

Entonces ¿a dónde se habían ido todos los perros en este campamento helado?

И така, къде бяха отишли всички кучета в този замръзнал лагер?

Buck, frío y miserable, caminó lentamente alrededor de la tienda.

Бък, премръзнал и нещастен, бавно обикаляше около палатката.

De repente, sus patas delanteras se hundieron en la nieve blanda y lo sobresaltó.

Внезапно предните му крака потънаха в мекия сняг и го стреснаха.

Algo se movió bajo sus pies y saltó hacia atrás asustado.

Нещо се изви под краката му и той отскочи назад от страх.

Gruñó y rugió sin saber qué había debajo de la nieve.

Той ръмжеше и изръмжаваше, без да знае какво се крие под снега.

Entonces oyó un ladrido amistoso que alivió su miedo.

Тогава чу приятелски тих лай, който облекчи страха му.

Olfateó el aire y se acercó para ver qué estaba oculto.

Той подуши въздуха и се приближи, за да види какво е скрито.

Bajo la nieve, acurrucada en una bola cálida, estaba la pequeña Billee.

Под снега, свита на топла топка, лежеше малката Били.

Billee movió la cola y lamió la cara de Buck para saludarlo.

Били размаха опашка и облиза лицето на Бък, за да го поздрави.

Buck vio cómo Billee había hecho un lugar para dormir en la nieve.

Бък видя как Били си беше направила място за спане в снега.

Había cavado y usado su propio calor para mantenerse caliente.

Той се беше изкопал и използваше собствената си топлина, за да се стопли.

Buck había aprendido otra lección: así era como dormían los perros.

Бък беше научил още един урок — ето как спят кучетата.

Eligió un lugar y comenzó a cavar su propio hoyo en la nieve.

Той избра място и започна да копае собствена дупка в снега.

Al principio, se movía demasiado y desperdiciaba energía.

В началото се движеше твърде много и пилееше енергия.

Pero pronto su cuerpo calentó el espacio y se sintió seguro.

Но скоро тялото му стопли пространството и той се почувства в безопасност.

Se acurrucó fuertemente y al poco tiempo estaba profundamente dormido.

Той се сви плътно на кълбо и не след дълго заспа дълбоко.

El día había sido largo y duro, y Buck estaba exhausto.

Денят беше дълъг и тежък, а Бък беше изтощен.

Durmió profundamente y cómodamente, aunque sus sueños fueron salvajes.

Той спеше дълбоко и удобно, макар че сънищата му бяха необуздани.

Gruñó y ladró mientras dormía, retorciéndose mientras soñaba.

Той ръмжеше и лаеше насън, въртейки се, докато сънуваше.

Buck no se despertó hasta que el campamento ya estaba cobrando vida.

Бък не се събуди, докато лагерът вече не се оживи.

Al principio, no sabía dónde estaba ni qué había sucedido.

В началото не знаеше къде е или какво се е случило.

Había nevado durante la noche y había enterrado completamente su cuerpo.

През нощта падна сняг и тялото му беше напълно затрупано.

La nieve lo apretaba por todos lados.

Снегът го притискаше, плътно от всички страни.

De repente, una ola de miedo recorrió todo el cuerpo de Buck.

Изведнъж вълна от страх премина през цялото тяло на Бък.

Era el miedo a quedar atrapado, un miedo que provenía de instintos profundos.

Това беше страхът да не бъдат в капан, страх, произтичащ от дълбоки инстинкти.

Aunque nunca había visto una trampa, el miedo vivía dentro de él.

Въпреки че никога не беше виждал капан, страхът живееше вътре в него.

Era un perro domesticado, pero ahora sus viejos instintos salvajes estaban despertando.

Той беше кротко куче, но сега старите му диви инстинкти се пробуждаха.

Los músculos de Buck se tensaron y se le erizó el pelaje por toda la espalda.

Мускулите на Бък се стегнаха и козината му настръхна по целия гръб.

Gruñó ferozmente y saltó hacia arriba a través de la nieve.

Той изръмжа свирепо и скочи право нагоре през снега.

La nieve voló en todas direcciones cuando estalló la luz del día.

Сняг летеше във всички посоки, когато той изскочи на дневна светлина.

Incluso antes de aterrizar, Buck vio el campamento extendido ante él.

Още преди да кацне, Бък видя лагера, разпростиращ се пред него.

Recordó todo del día anterior, de repente.

Той си спомни всичко от предния ден, наведнъж.

Recordó pasear con Manuel y terminar en ese lugar.

Той си спомни как се разхождаше с Мануел и как се озова на това място.

Recordó haber cavado el hoyo y haberse quedado dormido en el frío.

Той си спомни как изкопа дупката и заспи в студа.

Ahora estaba despierto y el mundo salvaje que lo rodeaba estaba claro.

Сега беше буден и дивият свят около него беше ясен.

Un grito de François saludó la repentina aparición de Buck.

Вик от Франсоа приветства внезапната поява на Бък.

—¿Qué te dije? —gritó en voz alta el conductor del perro a Perrault.

— Какво казах? — извика високо кучетоводът на Перо.

"Ese Buck sin duda aprende muy rápido", añadió François.

„Този Бък със сигурност се учи бързо от всичко", добави Франсоа.

Perrault asintió gravemente, claramente satisfecho con el resultado.

Перо кимна сериозно, очевидно доволен от резултата.

Como mensajero del gobierno canadiense, transportaba despachos.

Като куриер на канадското правителство, той носеше пратки.

Estaba ansioso por encontrar los mejores perros para su importante misión.

Той беше нетърпелив да намери най-добрите кучета за важната си мисия.

Se sintió especialmente complacido ahora que Buck era parte del equipo.

Той се чувстваше особено доволен сега, когато Бък беше част от екипа.

Se agregaron tres huskies más al equipo en una hora.

В рамките на един час към отбора бяха добавени още три хъскита.

Eso elevó el número total de perros en el equipo a nueve.

Това доведе общия брой на кучетата в екипа до девет.

En quince minutos todos los perros estaban en sus arneses.

В рамките на петнадесет минути всички кучета бяха с хамути.

El equipo de trineos avanzaba por el sendero hacia Dyea Cañón.

Впрягът с шейни се изкачваше по пътеката към каньона Дайя.

Buck se sintió contento de partir, incluso si el trabajo que tenía por delante era duro.

Бък се радваше, че си тръгва, дори и работата да беше трудна.

Descubrió que no despreciaba especialmente el trabajo ni el frío.

Той откри, че не презира особено труда или студа.

Le sorprendió el entusiasmo que llenaba a todo el equipo.

Той беше изненадан от нетърпението, което изпълваше целия екип.

Aún más sorprendente fue el cambio que se produjo en Dave y Solleks.

Още по-изненадваща беше промяната, която настъпи с Дейв и Солекс.

Estos dos perros eran completamente diferentes cuando estaban enjaezados.

Тези две кучета бяха напълно различни, когато бяха впрегнати.

Su pasividad y falta de preocupación habían desaparecido por completo.

Тяхната пасивност и липса на загриженост бяха напълно изчезнали.

Estaban alertas y activos, y ansiosos por hacer bien su trabajo.

Те бяха бдителни, активни и нетърпеливи да си вършат добре работата.

Se irritaban ferozmente ante cualquier cosa que causara retraso o confusión.

Те се дразнеха силно от всичко, което причиняваше забавяне или объркване.

El duro trabajo en las riendas era el centro de todo su ser.

Упоритата работа с юздите беше центърът на цялото им същество.

Tirar del trineo parecía ser lo único que realmente disfrutaban.

Тегленето на шейна изглеждаше единственото нещо, на което наистина се наслаждаваха.

Dave estaba en la parte de atrás del grupo, más cerca del trineo.

Дейв беше най-отзад в групата, най-близо до самата шейна.

Buck fue colocado delante de Dave, y Solleks se adelantó a Buck.

Бък беше поставен пред Дейв, а Солекс изпревари Бък.

El resto de los perros estaban dispersos adelante, en una sola fila.

Останалите кучета бяха наредени напред в колона по едно.

La posición de cabeza en la parte delantera quedó ocupada por Spitz.

Водещата позиция отпред беше заета от Шпиц.

Buck había sido colocado entre Dave y Solleks para recibir instrucción.

Бък беше поставен между Дейв и Солекс за инструкции.

Él aprendía rápido y sus profesores eran firmes y capaces.

Той учеше бързо, а те бяха твърди и способни учители.

Nunca permitieron que Buck permaneciera en el error por mucho tiempo.

Те никога не позволяваха на Бък да остане в грешка за дълго.

Enseñaron sus lecciones con dientes afilados cuando era necesario.

Те преподаваха уроците си с остри зъби, когато беше необходимо.

Dave era justo y mostraba un tipo de sabiduría tranquila y seria.

Дейв беше справедлив и показваше тиха, сериозна мъдрост.

Él nunca mordió a Buck sin una buena razón para hacerlo.

Той никога не хапеше Бък без основателна причина за това.

Pero nunca dejó de morder cuando Buck necesitaba corrección.

Но той никога не пропускаше да хапе, когато Бък се нуждаеше от корекция.

El látigo de Francisco estaba siempre listo y respaldaba su autoridad.

Камшикът на Франсоа винаги беше готов и подкрепяше авторитета им.

Buck pronto descubrió que era mejor obedecer que defenderse.

Бък скоро откри, че е по-добре да се подчинява, отколкото да се съпротивлява.

Una vez, durante un breve descanso, Buck se enredó en las riendas.

Веднъж, по време на кратка почивка, Бък се оплел в юздите.

Retrasó el inicio y confundió los movimientos del equipo.

Той забави старта и обърка движението на отбора.

Dave y Solleks se abalanzaron sobre él y le dieron una paliza brutal.

Дейв и Солекс се нахвърлиха върху него и го набиха жестоко.

El enredo sólo empeoró, pero Buck aprendió bien la lección.

Заплетеницата само се влоши, но Бък научи добре урока си.

A partir de entonces, mantuvo las riendas tensas y trabajó con cuidado.

Оттогава нататък той държеше юздите опънати и работеше внимателно.

Antes de que terminara el día, Buck había dominado gran parte de su tarea.

Преди края на деня Бък беше усвоил голяма част от задачата си.

Sus compañeros casi dejaron de corregirlo y morderlo.

Съотборниците му почти спряха да го поправят или хапят.

El látigo de François resonaba cada vez con menos frecuencia en el aire.

Камшикът на Франсоа пукаше във въздуха все по-рядко.

Perrault incluso levantó los pies de Buck y examinó cuidadosamente cada pata.

Перо дори повдигна краката на Бък и внимателно огледа всяка лапа.

Había sido un día de carrera duro, largo y agotador para todos ellos.

Беше тежък ден на бягане, дълъг и изтощителен за всички тях.

Viajaron por el Cañón, atravesando Sheep Camp y pasando por Scales.

Те пътуваха нагоре по каньона, през Овчия лагер и покрай Везните.

Cruzaron la línea de árboles, luego glaciares y bancos de nieve de muchos metros de profundidad.

Те прекосиха границата на гората, после ледници и снежни преспи, дълбоки много фута.

Escalaron la gran, fría y prohibitiva divisoria de Chilkoot.

Те изкачиха големия студен и застрашаващ Чилкут Дивейд.

Esa alta cresta se encontraba entre el agua salada y el interior helado.

Този висок хребет се извисяваше между солената вода и замръзналата вътрешност.

Las montañas custodiaban con hielo y empinadas subidas el triste y solitario Norte.

Планините пазели тъжния и самотен Север с лед и стръмни изкачвания.

Avanzaron a buen ritmo por una larga cadena de lagos debajo de la divisoria.

Те се спуснаха добре по дълга верига от езера под вододела.

Esos lagos llenaban los antiguos cráteres de volcanes extintos.

Тези езера са запълвали древните кратери на изгаснали вулкани.

Tarde esa noche, llegaron a un gran campamento en el lago Bennett.

Късно същата нощ те стигнаха до голям лагер на езерото Бенет.

Miles de buscadores de oro estaban allí, construyendo barcos para la primavera.

Хиляди златотърсачи бяха там, строяха лодки за пролетта.

El hielo se rompería pronto y tenían que estar preparados.

Ледът скоро щеше да се разтопи и те трябваше да бъдат готови.

Buck cavó su hoyo en la nieve y cayó en un sueño profundo.

Бък изкопа дупката си в снега и заспа дълбоко.

Durmió como un trabajador, exhausto por la dura jornada de trabajo.

Той спеше като работещ човек, изтощен от тежкия ден на труда.

Pero demasiado pronto, en la oscuridad, fue sacado del sueño.

Но твърде рано в тъмнината той беше изтръгнат от съня.

Fue enganchado nuevamente con sus compañeros y sujeto al trineo.

Той отново беше впрегнат заедно с приятелите си и прикрепен към шейната.

Aquel día hicieron cuarenta millas, porque la nieve estaba muy pisoteada.

Този ден изминаха четиридесет мили, защото снегът беше добре утъпкан.

Al día siguiente, y durante muchos días más, la nieve estaba blanda.

На следващия ден, както и в продължение на много дни след това, снегът беше мек.

Tuvieron que hacer el camino ellos mismos, trabajando más duro y moviéndose más lento.

Трябваше сами да си проправят пътеката, работейки по-усърдно и движейки се по-бавно.

Por lo general, Perrault caminaba delante del equipo con raquetas de nieve palmeadas.

Обикновено Перо вървеше пред впряга със снегоходки с ципести ...

Sus pasos compactaron la nieve, facilitando el movimiento del trineo.

Стъпките му утъпкваха снега, улеснявайки движението на шейната.

François, que dirigía el barco desde la dirección, a veces tomaba el relevo.

Франсоа, който управляваше от кормилния прът, понякога поемаше управлението.

Pero era raro que François tomara la iniciativa.

Но рядко се случваше Франсоа да поема водеща роля

porque Perrault tenía prisa por entregar las cartas y los paquetes.

защото Перо бързал да достави писмата и пакетите.

Perrault estaba orgulloso de su conocimiento de la nieve, y especialmente del hielo.

Перо се гордееше с познанията си за снега, и особено за леда.

Ese conocimiento era esencial porque el hielo en otoño era peligrosamente delgado.

Това знание беше от съществено значение, защото есенният лед беше опасно тънък.

Allí donde el agua fluía rápidamente bajo la superficie, no había hielo en absoluto.

Там, където водата течеше бързо под повърхността, изобщо нямаше лед.

Día tras día, la misma rutina se repetía sin fin.

Ден след ден, една и съща рутина се повтаряше безкрайно.

Buck trabajó incansablemente en las riendas desde el amanecer hasta la noche.

Бък се трудеше безкрайно с юздите от зори до вечер.

Abandonaron el campamento en la oscuridad, mucho antes de que saliera el sol.

Те напуснаха лагера по тъмно, много преди слънцето да е изгряло.

Cuando amaneció, ya habían recorrido muchos kilómetros.

Когато се съмна, много километри вече бяха зад гърба им.

Acamparon después del anochecer, comieron pescado y excavaron en la nieve.

Те разпънаха лагера си след залез слънце, ядяха риба и се заравяха в снега.

Buck siempre tenía hambre y nunca estaba realmente satisfecho con su ración.

Бък винаги беше гладен и никога не беше истински доволен от дажбата си.

Recibía una libra y media de salmón seco cada día.

Всеки ден получаваше половин килограм и половина сушена сьомга.

Pero la comida parecía desaparecer dentro de él, dejando atrás el hambre.

Но храната сякаш изчезна в него, оставяйки след себе си глада.

Sufría constantes dolores de hambre y soñaba con más comida.

Той страдаше от постоянни пристъпи на глад и мечтаеше за още храна.

Los otros perros sólo ganaron una libra, pero se mantuvieron fuertes.

Другите кучета получиха само половин килограм храна, но останаха силни.

Eran más pequeños y habían nacido en la vida del norte.

Те бяха по-дребни и бяха родени в северния живот.

Perdió rápidamente la meticulosidad que había caracterizado su antigua vida.

Той бързо загуби педантичността, която беляза предишния му живот.

Había sido un comensal delicado, pero ahora eso ya no era posible.

Той беше изискан ядец, но сега това вече не беше възможно.

Sus compañeros terminaron primero y le robaron su ración sobrante.

Другарите му свършиха първи и го ограбиха от недояденната му дажба.

Una vez que empezaron, no había forma de defender su comida de ellos.

След като започнаха, нямаше начин да защити храната си от тях.

Mientras él luchaba contra dos o tres perros, los otros le robaron el resto.

Докато той се бореше с две или три кучета, останалите откраднаха останалите.

Para solucionar esto, comenzó a comer tan rápido como los demás.

За да поправи това, той започна да яде толкова бързо, колкото ядяха и останалите.

El hambre lo empujó tan fuerte que incluso tomó comida que no era suya.

Гладът го тласкаше толкова силно, че дори взе храна, която не беше негова.

Observó a los demás y aprendió rápidamente de sus acciones.

Той наблюдаваше останалите и бързо се учеше от действията им.

Vio a Pike, un perro nuevo, robarle una rebanada de tocino a Perrault.

Той видя как Пайк, ново куче, открадна резен бекон от Перо.

Pike había esperado hasta que Perrault se dio la espalda para robarle el tocino.

Пайк беше изчакал Перо да се обърне с гръб, за да открадне бекона.

Al día siguiente, Buck copió a Pike y robó todo el trozo.

На следващия ден Бък копира Пайк и открадна цялото парче.

Se produjo un gran alboroto, pero no se sospechó de Buck.

Последва голяма врява, но Бък не беше заподозрян.

Dub, un perro torpe que siempre era atrapado, fue castigado.

Дъб, тромаво куче, което винаги се хващаше, беше наказан вместо това.

Ese primer robo marcó a Buck como un perro apto para sobrevivir en el Norte.

Тази първа кражба бележи Бък като куче, годно да оцелее на Севера.

Demostró que podía adaptarse a nuevas condiciones y aprender rápidamente.

Той показа, че може да се адаптира към нови условия и да се учи бързо.

Sin esa adaptabilidad, habría muerto rápida y gravemente.

Без такава адаптивност, той щеше да умре бързо и тежко.

También marcó el colapso de su naturaleza moral y de sus valores pasados.

Това също така бележи разпадането на неговия морален характер и миналите му ценности.

En el Sur, había vivido bajo la ley del amor y la bondad.

В Южната земя той беше живял под закона на любовта и добротата.

Allí tenía sentido respetar la propiedad y los sentimientos de los otros perros.

Там имаше смисъл да се уважава собствеността и чувствата на другите кучета.

Pero en el Norte se aplicaba la ley del garrote y la ley del colmillo.

Но Северната земя следваше закона на тоягата и закона на зъба.

Quienquiera que respetara los viejos valores aquí sería un tonto y fracasaría.

Който и да е уважавал старите ценности тук, е бил глупав и ще се провали.

Buck no razonó todo esto en su mente.

Бък не обмисли всичко това наум.

Estaba en forma y se adaptó sin necesidad de pensar.

Той беше във форма и затова се приспособи, без да е необходимо да мисли.

Durante toda su vida, nunca había huido de una pelea.

През целия си живот никога не беше бягал от бой.

Pero el garrote de madera del hombre del suéter rojo cambió esa regla.

Но дървената тояга на мъжа с червения пуловер промени това правило.

Ahora seguía un código más profundo y antiguo escrito en su ser.

Сега той следваше един по-дълбок, по-древен код, вписан в съществото му.

No robó por placer sino por el dolor del hambre.

Той не крадеше от удоволствие, а от болката на глада.

Él nunca robaba abiertamente, sino que hurtaba con astucia y cuidado.

Той никога не е грабил открито, а е крал с хитрост и внимание.

Actuó por respeto al garrote de madera y por miedo al colmillo.

Той действаше от уважение към дървената тояга и от страх от зъба.

En resumen, hizo lo que era más fácil y seguro que no hacerlo.

Накратко, той направи това, което беше по-лесно и по-безопасно, отколкото да не го направи.

Su desarrollo —o quizás su regreso a los viejos instintos— fue rápido.

Развитието му – или може би завръщането му към старите инстинкти – беше бързо.

Sus músculos se endurecieron hasta sentirse tan fuertes como el hierro.

Мускулите му се втвърдиха, докато не се почувстваха здрави като желязо.

Ya no le importaba el dolor, a menos que fuera grave.

Вече не го интересуваше болката, освен ако не беше сериозна.

Se volvió eficiente por dentro y por fuera, sin desperdiciar nada.

Той стана ефикасен отвътре и отвън, без да губи нищо.

Podía comer cosas viles, podridas o difíciles de digerir.

Той можеше да яде неща, които бяха отвратителни, гнили или трудни за смилане.

Todo lo que comía, su estómago aprovechaba hasta el último vestigio de valor.

Каквото и да ядеше, стомахът му използваше и последната частица ценност.

Su sangre transportaba los nutrientes a través de su poderoso cuerpo.

Кръвта му разнасяше хранителните вещества надалеч през мощното му тяло.

Esto creó tejidos fuertes que le dieron una resistencia increíble.

Това изгради здрави тъкани, които му дадоха невероятна издръжливост.

Su vista y su olfato se volvieron mucho más sensibles que antes.

Зрението и обонянието му станаха много по-чувствителни от преди.

Su audición se agudizó tanto que podía detectar sonidos débiles durante el sueño.

Слухът му се изостри толкова много, че можеше да долавя слаби звуци дори насън.

Sabía en sueños si los sonidos significaban seguridad o peligro.

В сънищата си той знаеше дали звуците означават безопасност или опасност.

Aprendió a morder el hielo entre los dedos de los pies con los dientes.

Той се научи да гризе леда между пръстите на краката си със зъби.

Si un charco de agua se congelaba, rompía el hielo con las piernas.

Ако някой воден басейн замръзнеше, той чупеше леда с краката си.

Se encabritó y golpeó con fuerza el hielo con sus rígidas patas delanteras.

Той се изправи на задните си крака и удари силно леда с вкочанените си предни крайници.

Su habilidad más sorprendente era predecir los cambios del viento durante la noche.

Най-поразителната му способност беше да предсказва промените в вятъра през нощта.

Incluso cuando el aire estaba quieto, elegía lugares protegidos del viento.

Дори когато въздухът беше неподвижен, той избираше места, защитени от вятъра.

Dondequiera que cavaba su nido, el viento del día siguiente lo pasaba de largo.

Където и да изкопаеше гнездото си, вятърът на следващия ден го подминаваше.

Siempre acababa abrigado y protegido, a sotavento de la brisa.

Той винаги се озоваваше уютно и защитено, подветрено от вятъра.

Buck no sólo aprendió con la experiencia: sus instintos también regresaron.

Бък не само се учеше от опита — инстинктите му също се завърнаха.

Los hábitos de las generaciones domesticadas comenzaron a desaparecer.

Навиците на опитомените поколения започнаха да изчезват.

De manera vaga, recordaba los tiempos antiguos de su raza.

По смътни начини той си спомняше древните времена на своята раса.

Recordó cuando los perros salvajes corrían en manadas por los bosques.

Той си спомни за времето, когато дивите кучета тичаха на глутници през горите.

Habían perseguido y matado a su presa mientras la perseguían.

Те бяха преследвали и убивали плячката си, докато я преследваха.

Para Buck fue fácil aprender a pelear con dientes y velocidad.

За Бък беше лесно да се научи как да се бие със зъби и скорост.

Utilizaba cortes, tajos y chasquidos rápidos igual que sus antepasados.

Той използваше порязвания, разрези и бързи щраквания точно както неговите предци.

Aquellos antepasados se agitaron dentro de él y despertaron su naturaleza salvaje.

Тези предци се раздвижиха в него и събудиха дивата му природа.

Sus antiguas habilidades habían pasado a él a través de la línea de sangre.

Старите им умения му бяха предадени по кръвна линия.

Sus trucos ahora eran suyos, sin necesidad de práctica ni esfuerzo.

Триковете им вече бяха негови, без нужда от практика или усилия.

En las noches frías y quietas, Buck levantaba la nariz y aullaba.

В тихите, студени нощи Бък вдигаше нос и виеше.

Aulló largo y profundamente, como lo hacían los lobos antaño.

Той виеше дълго и дълбоко, както вълците бяха правили преди много време.

A través de él, sus antepasados muertos apuntaron sus narices y aullaron.

Чрез него мъртвите му предци сочеха носове и виеха.

Aullaron a través de los siglos con su voz y su forma.

Те виеха през вековете с неговия глас и форма.

Sus cadencias eran las de ellos, viejos gritos que hablaban de dolor y frío.

Неговите ритми бяха техни, стари викове, които разказваха за скръб и студ.

Cantaron sobre la oscuridad, el hambre y el significado del invierno.

Те пяха за тъмнината, за глада и за значението на зимата.

Buck demostró cómo la vida está determinada por fuerzas ajenas a uno mismo.

Бък доказа как животът се оформя от сили извън самия него.

La antigua canción se elevó a través de Buck y se apoderó de su alma.

Древната песен се изпълни с Бък и завладя душата му.

Se encontró a sí mismo porque los hombres habían encontrado oro en el Norte.

Той се откри, защото мъже бяха намерили злато на север.

Y se encontró porque Manuel, el ayudante del jardinero, necesitaba dinero.

И се озова, защото Мануел, помощникът на градинаря, се нуждаеше от пари.

La Bestia Primordial Dominante
Доминиращият първичен звяр

La bestia primordial dominante era tan fuerte como siempre en Buck.

Доминиращият първичен звяр беше по-силен от всякога в Бък.

Pero la bestia primordial dominante yacía latente en él.

Но доминиращият първичен звяр беше дремел в него.

La vida en el camino era dura, pero fortalecía a la bestia que Buck llevaba dentro.

Животът по пътеките беше суров, но той засилваше зверството в Бък.

En secreto, la bestia se hacía cada día más fuerte.

Тайно звярът ставал все по-силен и по-силен с всеки изминал ден.

Pero ese crecimiento interior permaneció oculto para el mundo exterior.

Но този вътрешен растеж остана скрит за външния свят.

Una fuerza primordial, tranquila y calmada se estaba construyendo dentro de Buck.

В Бък се зараждаше тиха и спокойна първична сила.

Una nueva astucia le proporcionó a Buck equilibrio, calma, control y aplomo.

Новата хитрост даваше на Бък баланс, спокоен контрол и овладяване.

Buck se concentró mucho en adaptarse, sin sentirse nunca totalmente relajado.

Бък се съсредоточи усилено върху адаптацията, без никога да се чувства напълно отпуснат.

Él evitaba los conflictos, nunca iniciaba peleas ni buscaba problemas.

Той избягваше конфликти, никога не започваше кавги, нито търсеше проблеми.

Una reflexión lenta y constante moldeó cada movimiento de Buck.

Бавна, постоянна замисленост оформяше всяко движение на Бък.

Evitó las elecciones precipitadas y las decisiones repentinas e imprudentes.

Той избягваше прибързаните избори и внезапните, безразсъдни решения.

Aunque Buck odiaba profundamente a Spitz, no le mostró ninguna agresión.

Въпреки че Бък дълбоко мразеше Шпиц, той не показваше агресия към него.

Buck nunca provocó a Spitz y mantuvo sus acciones moderadas.

Бък никога не провокираше Шпиц и държеше действията си сдържани.

Spitz, por otro lado, percibió el creciente peligro en Buck.

Шпиц, от друга страна, усещаше нарастващата опасност у Бък.

Él veía a Buck como una amenaza y un serio desafío a su poder.

Той виждаше Бък като заплаха и сериозно предизвикателство за властта си.

Aprovechó cada oportunidad para gruñir y mostrar sus afilados dientes.

Той използваше всяка възможност да изръмжи и да покаже острите си зъби.

Estaba tratando de iniciar la pelea mortal que estaba por venir.

Той се опитваше да започне смъртоносната битка, която трябваше да предстои.

Al principio del viaje casi se desató una pelea entre ellos.

В началото на пътуването между тях почти избухна бой.

Pero un accidente inesperado detuvo la pelea.

Но неочакван инцидент предотврати битката.

Esa tarde acamparon en el gélido lago Le Barge.

Същата вечер те разпънаха лагера си на леденостуденото езеро Льо Барж.

La nieve caía con fuerza y el viento cortaba como un cuchillo.

Снегът валеше силно, а вятърът режеше като нож.

La noche había llegado demasiado rápido y la oscuridad los rodeaba.

Нощта беше настъпила твърде бързо и мракът ги обгръщаше.

Difícilmente podrían haber elegido un peor lugar para descansar.

Едва ли биха могли да изберат по-лошо място за почивка.

Los perros buscaban desesperadamente un lugar donde tumbarse.

Кучетата отчаяно търсеха място, където да легнат.

Detrás del pequeño grupo se alzaba una alta pared de roca.

Висока скална стена се издигаше стръмно зад малката група.

La tienda de campaña había sido abandonada en Dyea para aligerar la carga.

Палатката беше оставена в Дайя, за да облекчи товара.

No les quedó más remedio que hacer el fuego sobre el propio hielo.

Те нямаха друг избор, освен да запалят огъня на самия лед.

Extendieron sus batas para dormir directamente sobre el lago helado.

Те разпростряха спалните си дрехи директно върху замръзналото езеро.

Unos cuantos palitos de madera flotante les dieron un poco de fuego.

Няколко пръчки плавей им дадоха малко огън.

Pero el fuego se construyó sobre el hielo y se descongeló a través de él.

Но огънят беше запален върху леда и се разтопи през него.

Al final, estaban comiendo su cena en la oscuridad.

Накрая вечеряха в тъмното.

Buck se acurrucó junto a la roca, protegido del viento frío.

Бък се сви до скалата, защитен от студения вятър.

El lugar era tan cálido y seguro que Buck odiaba mudarse.

Мястото беше толкова топло и безопасно, че Бък мразеше да се отдалечава.

Pero François había calentado el pescado y estaba repartiendo raciones.

Но Франсоа беше затоплил рибата и раздаваше дажби.

Buck terminó de comer rápidamente y regresó a su cama.

Бък бързо дояде и се върна в леглото си.

Pero Spitz ahora estaba acostado donde Buck había hecho su cama.

Но Шпиц сега лежеше там, където Бък беше оправил леглото му.

Un gruñido bajo advirtió a Buck que Spitz se negaba a moverse.

Тихо ръмжене предупреди Бък, че Шпиц отказва да помръдне.

Hasta ahora, Buck había evitado esta pelea con Spitz.

Досега Бък избягваше тази битка със Шпиц.

Pero en lo más profundo de Buck la bestia finalmente se liberó.

Но дълбоко в Бък звярът най-накрая се освободи.

El robo de su lugar para dormir era algo demasiado difícil de tolerar.

Кражбата на спалното му място беше твърде тежка за толериране.

Buck se lanzó hacia Spitz, lleno de ira y rabia.

Бък се нахвърли върху Шпиц, изпълнен с гняв и ярост.

Hasta ahora Spitz había pensado que Buck era sólo un perro grande.

Доскоро Шпиц си мислеше, че Бък е просто голямо куче.

No creía que Buck hubiera sobrevivido a través de su espíritu.

Той не вярваше, че Бък е оцелял благодарение на духа си.

Esperaba miedo y cobardía, no furia y venganza.

Той очакваше страх и малодушие, а не ярост и отмъщение.

François se quedó mirando mientras los dos perros salían del nido en ruinas.

Франсоа се взираше как и двете кучета изскочиха от разрушеното гнездо.

Comprendió de inmediato lo que había iniciado la salvaje lucha.

Той веднага разбра какво е започнало дивата борба.

—¡Ah! —gritó François en apoyo del perro marrón.

„А-а!" – извика Франсоа в подкрепа на кафявото куче.

¡Dale una paliza! ¡Por Dios, castiga a ese ladrón astuto!

„Набий го! За Бога, накажи този хитър крадец!"

Spitz mostró la misma disposición y un entusiasmo salvaje por luchar.

Шпиц показа еднаква готовност и диво желание за бой.

Gritó de rabia mientras giraba rápidamente en busca de una abertura.

Той извика от ярост, докато бързо кръжеше в търсене на пролука.

Buck mostró el mismo hambre de luchar y la misma cautela.

Бък показа същия глад за борба и същата предпазливост.

También rodeó a su oponente, intentando obtener la ventaja en la batalla.

Той също обиколи противника си, опитвайки се да вземе надмощие в битката.

Entonces sucedió algo inesperado y lo cambió todo.

Тогава се случи нещо неочаквано и промени всичко.

Ese momento retrasó la eventual lucha por el liderazgo.

Този момент забави евентуалната борба за лидерство.

Muchos kilómetros de camino y lucha aún nos esperaban antes del final.

Много километри пътеки и борба все още чакаха преди края.

Perrault gritó un juramento cuando un garrote impactó contra el hueso.

Перо изруга, когато тояга се стовари върху кост.

Se escuchó un agudo grito de dolor y luego el caos explotó por todas partes.

Последва остър вик на болка, след което хаос избухна навсякъде.

En el campamento se movían figuras oscuras: perros esquimales salvajes. hambrientos y feroces.

Тъмни силуети се движеха в лагера; диви хъскита, изгладнели и свирепи.

Cuatro o cinco docenas de perros esquimales habían olfateado el campamento desde lejos.

Четири или пет дузини хъскита бяха подушили лагера отдалеч.

Se habían colado sigilosamente mientras los dos perros peleaban cerca.

Те се бяха промъкнали тихо, докато двете кучета се биеха наблизо.

François y Perrault atacaron con garrotes a los invasores.

Франсоа и Перо се нахвърлиха в атака, размахвайки тояги срещу нашествениците.

Los perros esquimales hambrientos mostraron los dientes y contraatacaron frenéticamente.

Изгладнелите хъскита показаха зъби и се съпротивляваха яростно.

El olor a carne y a pan les había hecho perder todo miedo.

Миризмата на месо и хляб ги беше прогонила отвъд всякакъв страх.

Perrault golpeó a un perro que había enterrado su cabeza en el cajón de comida.

Перо бие куче, което си беше заровило главата в кутията с храна.

El golpe fue muy fuerte y la caja se volcó, derramándose comida.

Ударът беше силен, кутията се преобърна и храната се разсипа навън.

En cuestión de segundos, una veintena de bestias salvajes destrozaron el pan y la carne.

За секунди десетки диви зверове разкъсаха хляба и месото.

Los garrotes de los hombres asestaron golpe tras golpe, pero ningún perro se apartó.

Мъжките стика нанасяха удар след удар, но нито едно куче не се обърна.

Aullaron de dolor, pero lucharon hasta que no quedó comida.
Те виеха от болка, но се бореха, докато не им остана никаква храна.
Mientras tanto, los perros de trineo habían saltado de sus camas nevadas.
Междувременно кучетата за впряг бяха скочили от снежните си легла.
Fueron atacados instantáneamente por los feroces y hambrientos huskies.
Те бяха незабавно нападнати от свирепите гладни хъскита.
Buck nunca había visto criaturas tan salvajes y hambrientas antes.
Бък никога преди не беше виждал толкова диви и гладни същества.
Su piel colgaba suelta, ocultando apenas sus esqueletos.
Кожата им висеше отпусната, едва скривайки скелетите им.
Había un fuego en sus ojos, de hambre y locura.
В очите им имаше огън, от глад и лудост
No había manera de detenerlos, de resistirse a su ataque salvaje.
Нямаше как да ги спрат; нямаше как да се устои на дивашкия им натиск.
Los perros de trineo fueron empujados hacia atrás y presionados contra la pared del acantilado.
Впрягащите кучета бяха избутани назад, притиснати към стената на скалата.
Tres perros esquimales atacaron a Buck a la vez, desgarrando su carne.
Три хъскита нападнаха Бък едновременно, разкъсвайки плътта му.
La sangre le brotaba de la cabeza y de los hombros, donde había recibido el corte.
Кръв се лееше от главата и раменете му, където беше порязан.

El ruido llenó el campamento: gruñidos, aullidos y gritos de dolor.

Шумът изпълни лагера; ръмжене, писъци и викове на болка.

Billee gritó fuerte, como siempre, atrapada en la pelea y el pánico.

Били, както обикновено, извика силно, обзета от суматохата и паниката.

Dave y Solleks estaban uno al lado del otro, sangrando pero desafiantes.

Дейв и Солекс стояха един до друг, кървящи, но непокорни.

Joe peleó como un demonio, mordiendo todo lo que se acercaba.

Джо се бореше като демон, хапейки всичко, което се доближеше до него.

Aplastó la pata de un husky con un brutal chasquido de sus mandíbulas.

Той смачка крака на хъски с едно брутално щракване на челюстите си.

Pike saltó sobre el husky herido y le rompió el cuello instantáneamente.

Щука скочи върху раненото хъски и мигновено му счупи врата.

Buck agarró a un husky por el cuello y le arrancó la vena.

Бък хвана едно хъски за гърлото и разкъса вената му.

La sangre salpicó y el sabor cálido llevó a Buck al frenesí.

Кръв пръсна, а топлият вкус докара Бък до лудост.

Se abalanzó sobre otro atacante sin dudarlo.

Той се хвърли върху друг нападател без колебание.

En ese mismo momento, unos dientes afilados se clavaron en la garganta de Buck.

В същия момент остри зъби се забиха в гърлото на Бък.

Spitz había atacado desde un costado, sin previo aviso.

Шпиц беше ударил отстрани, атакувайки без предупреждение.

Perrault y François habían derrotado a los perros robando la comida.

Перо и Франсоа бяха победили кучетата, които крадяха храната.

Ahora se apresuraron a ayudar a sus perros a luchar contra los atacantes.

Сега те се втурнаха да помогнат на кучетата си да се преборят с нападателите.

Los perros hambrientos se retiraron mientras los hombres blandían sus garrotes.

Гладните кучета се отдръпнаха, докато мъжете размахваха тоягите си.

Buck se liberó del ataque, pero el escape fue breve.

Бък се измъкна от атаката, но бягството беше кратко.

Los hombres corrieron a salvar a sus perros, y los huskies volvieron a atacarlos.

Мъжете хукнаха да спасяват кучетата си, а хъскитата отново се нахвърлиха върху тях.

Billee, aterrorizado y valiente, saltó hacia la jauría de perros.

Били, уплашен до храброст, скочи в глутницата кучета.

Pero luego huyó a través del hielo, presa del terror y el pánico.

Но след това той избяга през леда, обзет от неподправен ужас и паника.

Pike y Dub los siguieron de cerca, corriendo para salvar sus vidas.

Пайк и Дъб ги следваха плътно, бягайки, за да се спасят живота им.

El resto del equipo se separó y se dispersó, siguiéndolos.

Останалата част от екипа се разпръсна и ги последва.

Buck reunió sus fuerzas para correr, pero entonces vio un destello.

Бък събра сили да бяга, но тогава видя проблясък.

Spitz se abalanzó sobre el costado de Buck, intentando derribarlo al suelo.

Шпиц се хвърли към Бък, опитвайки се да го събори на земята.

Bajo esa turba de perros esquimales, Buck no habría tenido escapatoria.

Под тази тълпа хъскита Бък нямаше да има спасение.

Pero Buck se mantuvo firme y se preparó para el golpe de Spitz.

Но Бък стоеше твърдо и се приготви за удара от Шпиц.

Luego se dio la vuelta y salió corriendo al hielo con el equipo que huía.

След това се обърна и изтича на леда с бягащия отбор.

Más tarde, los nueve perros de trineo se reunieron al abrigo del bosque.

По-късно деветте кучета за впряг се събраха в убежището на гората.

Ya nadie los perseguía, pero estaban maltratados y heridos.

Никой вече не ги гонеше, но те бяха пребити и ранени.

Cada perro tenía heridas: cuatro o cinco cortes profundos en cada cuerpo.

Всяко куче имаше рани; четири или пет дълбоки порязвания по тялото на всяко.

Dub tenía una pata trasera herida y ahora le costaba caminar.

Дъб имаше контузен заден крак и сега се мъчеше да ходи.

Dolly, la perrita más nueva de Dyea, tenía la garganta cortada.

Доли, най-новото куче от Дайя, имаше прерязано гърло.

Joe había perdido un ojo y la oreja de Billee estaba cortada en pedazos.

Джо беше загубил око, а ухото на Били беше отрязано на парчета

Todos los perros lloraron de dolor y derrota durante toda la noche.

Всички кучета плачеха от болка и поражение през нощта.

Al amanecer regresaron al campamento doloridos y destrozados.

На разсъмване те се промъкнаха обратно в лагера, измъчени и съкрушени.

Los perros esquimales habían desaparecido, pero el daño ya estaba hecho.

Хъскитата бяха изчезнали, но щетите бяха нанесени.

Perrault y François estaban de mal humor ante las ruinas.

Перо и Франсоа стояха разстроени над руините.

La mitad de la comida había desaparecido, robada por los ladrones hambrientos.

Половината храна беше изчезнала, открадната от гладните крадци.

Los perros esquimales habían destrozado las ataduras y la lona del trineo.

Хъскитата бяха разкъсали въжетата и платното на шейната.

Todo lo que tenía olor a comida había sido devorado por completo.

Всичко, което миришеше на храна, беше погълнато напълно.

Se comieron un par de botas de viaje de piel de alce de Perrault.

Те изядоха чифт пътнически ботуши от лосова кожа на Перо.

Masticaban correas de cuero y arruinaban las correas hasta dejarlas inservibles.

Те дъвчаха кожени рейси и съсипваха каишките до степен да не се използват.

François dejó de mirar el látigo roto para revisar a los perros.

Франсоа спря да се взира в скъсания камшик, за да огледа кучетата.

—Ah, amigos míos —dijo en voz baja y llena de preocupación.

— Ах, приятели мои — каза той с тих и изпълнен с тревога глас.

"Tal vez todas estas mordeduras os conviertan en bestias locas."

„Може би всички тези ухапвания ще ви превърнат в луди зверове.“

—¡Quizás todos sean perros rabiosos, sacredam! ¿Qué opinas, Perrault?

„Може би всички бесни кучета, свещени дяволи! Какво мислиш, Перо?"

Perrault meneó la cabeza; sus ojos estaban oscuros por la preocupación y el miedo.

Перо поклати глава, очите му потъмняха от тревога и страх.

Todavía había cuatrocientas millas entre ellos y Dawson.

Четиристотин мили все още ги разделяха от Доусън.

La locura canina ahora podría destruir cualquier posibilidad de supervivencia.

Кучешката лудост сега може да унищожи всеки шанс за оцеляване.

Pasaron dos horas maldiciendo y tratando de arreglar el engranaje.

Те прекараха два часа в ругатни и опити да поправят екипировката.

El equipo herido finalmente abandonó el campamento, destrozado y derrotado.

Раненият екип най-накрая напусна лагера, съкрушен и победен.

Éste fue el camino más difícil hasta ahora y cada paso era doloroso.

Това беше най-трудният път досега и всяка стъпка беше болезнена.

El río Treinta Millas no se había congelado y su caudal corría con fuerza.

Река Тридесет миля не беше замръзнала и течеше диво.

Sólo en los lugares tranquilos y en los remolinos el hielo logró retenerse.

Само в спокойни места и вихрушки ледът успяваше да се задържи.

Pasaron seis días de duro trabajo hasta recorrer las treinta millas.

Шест дни тежък труд минаха, докато изминат тридесетте мили.

Cada kilómetro del camino traía consigo peligro y amenaza de muerte.

Всяка миля от пътеката носеше опасност и заплаха от смърт.

Los hombres y los perros arriesgaban sus vidas con cada doloroso paso.

Мъжете и кучетата рискуваха живота си с всяка болезнена стъпка.

Perrault rompió delgados puentes de hielo una docena de veces diferentes.

Перо е пробивал тънки ледени мостове десетина пъти.

Llevó un palo y lo dejó caer sobre el agujero que había hecho su cuerpo.

Той носеше прът и го пусна да падне върху дупката, която тялото му направи.

Más de una vez ese palo salvó a Perrault de ahogarse.

Неведнъж този прът е спасявал Перо от удавяне.

La ola de frío se mantuvo firme y el aire estaba a cincuenta grados bajo cero.

Студеният пристъп се задържа силно, въздухът беше петдесет градуса под нулата.

Cada vez que se caía, Perrault tenía que encender un fuego para sobrevivir.

Всеки път, когато падаше, Перо трябваше да пали огън, за да оцелее.

La ropa mojada se congelaba rápidamente, por lo que la secaba cerca del calor abrasador.

Мокрите дрехи замръзваха бързо, затова ги сушеше близо до палеща жега.

Ningún miedo afectó jamás a Perrault, y eso lo convirtió en mensajero.

Никакъв страх никога не е докосвал Перо и това го е правело куриер.

Fue elegido para el peligro y lo afrontó con tranquila resolución.

Той беше избран за опасност и я посрещна с тиха решителност.

Avanzó contra el viento, con el rostro arrugado y congelado.

Той се напъна напред срещу вятъра, сбръчканото му лице беше измръзнало.

Desde el amanecer hasta el anochecer, Perrault los condujo hacia adelante.

От слабия зори до падането на здрача Перо ги водеше напред.

Caminó sobre un estrecho borde de hielo que se agrietaba con cada paso.

Той вървеше по тесен леден ръб, който се пукаше с всяка стъпка.

No se atrevieron a detenerse: cada pausa suponía el riesgo de un colapso mortal.

Те не смееха да спрат — всяка пауза рискуваше смъртоносен колапс.

Una vez, el trineo se abrió paso y arrastró a Dave y Buck.

Веднъж шейната се счупи, издърпвайки Дейв и Бък навътре.

Cuando los liberaron, ambos estaban casi congelados.

Когато ги измъкнаха, и двамата бяха почти замръзнали.

Los hombres hicieron un fuego rápidamente para mantener con vida a Buck y Dave.

Мъжете бързо запалиха огън, за да запазят Бък и Дейв живи.

Los perros estaban cubiertos de hielo desde la nariz hasta la cola, rígidos como madera tallada.

Кучетата бяха покрити с лед от носа до опашката, твърди като резбовано дърво.

Los hombres los hicieron correr en círculos cerca del fuego para descongelar sus cuerpos.

Мъжете ги пускаха в кръг близо до огъня, за да размразят телата им.

Se acercaron tanto a las llamas que su pelaje se quemó.

Те се приближиха толкова близо до пламъците, че козината им беше опърлена.

Luego Spitz rompió el hielo y arrastró al equipo detrás de él.

Шпиц проби леда, повличайки впряга след себе си.

La ruptura llegó hasta donde Buck estaba tirando.

Счупването стигаше чак до мястото, където Бък дърпаше.

Buck se reclinó con fuerza hacia atrás, sus patas resbalaron y temblaron en el borde.

Бък се облегна рязко назад, лапите му се хлъзгаха и трепереха по ръба.

Dave también se esforzó hacia atrás, justo detrás de Buck en la línea.

Дейв също се напрегна назад, точно зад Бък на въжето.

François tiró del trineo; sus músculos crujían por el esfuerzo.

Франсоа теглеше шейната, мускулите му пукаха от усилие.

En otra ocasión, el borde del hielo se agrietó delante y detrás del trineo.

Друг път, ледът по ръба се напука пред и зад шейната.

No tenían otra salida que escalar una pared del acantilado congelado.

Нямаха друг изход, освен да се изкачат по замръзнала скална стена.

De alguna manera Perrault logró escalar el muro; un milagro lo mantuvo con vida.

Перо някак си се изкачи по стената; чудо го опази жив.

François se quedó abajo, rezando por tener la misma suerte.

Франсоа остана долу и се молеше за същия късмет.

Ataron todas las correas, amarres y tirantes hasta formar una cuerda larga.

Те завързаха всяка каишка, връзване и конец в едно дълго въже.

Los hombres subieron cada perro, uno a uno, hasta la cima.

Мъжете издърпаха всяко куче нагоре, едно по едно, до върха.

François subió el último, después del trineo y toda la carga.

Франсоа се качи последен, след шейната и целия товар.

Entonces comenzó una larga búsqueda de un camino para bajar de los acantilados.

След това започна дълго търсене на пътека надолу от скалите.

Finalmente descendieron usando la misma cuerda que habían hecho.

Накрая те слязоха, използвайки същото въже, което бяха направили.

La noche cayó cuando regresaron al lecho del río, exhaustos y doloridos.

Нощта падна, когато се върнаха към речното корито, изтощени и болни.

El día completo les había proporcionado sólo un cuarto de milla de ganancia.

Целият ден им беше донесъл само четвърт миля напред.

Cuando llegaron a Hootalinqua, Buck estaba agotado.

Когато стигнаха до Хуталинкуа, Бък беше изтощен.

Los demás perros sufrieron igual de mal las condiciones del sendero.

Другите кучета пострадаха също толкова зле от условията на пътеката.

Pero Perrault necesitaba recuperar tiempo y los presionaba cada día.

Но Перо се нуждаеше от възстановяване на времето и ги притискаше всеки ден.

El primer día viajaron treinta millas hasta Big Salmon.

Първия ден пътуваха тридесет мили до Биг Салмон.

Al día siguiente viajaron treinta y cinco millas hasta Little Salmon.

На следващия ден те пътуваха тридесет и пет мили до Литъл Салмон.

Al tercer día avanzaron a través de cuarenta largas y heladas millas.

На третия ден те изминаха четиридесет дълги замръзнали мили.

Para entonces, se estaban acercando al asentamiento de Five Fingers.

По това време те вече наближаваха селището Петте пръста.

Los pies de Buck eran más suaves que los duros pies de los huskies nativos.

Краката на Бък бяха по-меки от твърдите крака на местните хъскита.

Sus patas se habían vuelto tiernas a lo largo de muchas generaciones civilizadas.

Лапите му бяха станали крехки през многото цивилизовани поколения.

Hace mucho tiempo, sus antepasados habían sido domesticados por hombres del río o cazadores.

Преди много време неговите предци бяха опитомени от речни хора или ловци.

Todos los días Buck cojeaba de dolor, caminando sobre sus patas doloridas y en carne viva.

Всеки ден Бък куцаше от болка, ходейки по разранени, болезнени лапи.

En el campamento, Buck cayó como un cuerpo sin vida sobre la nieve.

В лагера Бък се строполи като безжизнено тяло върху снега.

Aunque estaba hambriento, Buck no se levantó a comer su cena.

Въпреки че гладуваше, Бък не стана да вечеря.

François le trajo a Buck su ración, poniendo pescado junto a su hocico.

Франсоа донесе дажбата му на Бък, като сложи риба до муцуната му.

Cada noche, el conductor frotaba los pies de Buck durante media hora.

Всяка вечер шофьорът разтривал краката на Бък по половин час.

François incluso cortó sus propios mocasines para hacer calzado para perros.

Франсоа дори нарязал собствените си мокасини, за да си направи обувки за кучета.

Cuatro zapatos cálidos le dieron a Buck un gran y bienvenido alivio.

Четири топли обувки донесоха на Бък голямо и желано облекчение.

Una mañana, François olvidó los zapatos y Buck se negó a levantarse.

Една сутрин Франсэа забрави обувките, а Бък отказа да стане.

Buck yacía de espaldas, con los pies en el aire, agitándolos lastimeramente.

Бък лежеше по грьз с крака във въздуха и размахваше жално ги.

Incluso Perrault sonrió al ver la dramática súplica de Buck.

Дори Перо се ухили при вида на драматичната молба на Бък.

Pronto los pies de Buck se endurecieron y los zapatos pudieron desecharse.

Скоро краката на Бък се втвърдиха и обувките можеха да бъдат изхвърлени.

En Pelly, durante el periodo de uso del arnés, Dolly emitió un aullido terrible.

В Пели, по време на впрягането, Доли издаде ужасен вой.

El grito fue largo y lleno de locura, sacudiendo a todos los perros.

Викът беше дълъг и изпълнен с лудост, разтърсвайки всяко куче.

Cada perro se erizaba de miedo sin saber el motivo.

Всяко куче настръхна от страх, без да знае причината.

Dolly se volvió loca y se arrojó directamente hacia Buck.

Доли беше полудяла и се хвърли право върху Бък.

Buck nunca había visto la locura, pero el horror llenó su corazón.

Бък никога не беше виждал лудост, но ужас изпълваше сърцето му.

Sin pensarlo, se dio la vuelta y huyó presa del pánico absoluto.

Без да се замисля, той се обърна и избяга в абсолютна паника.

Dolly lo persiguió con los ojos desorbitados y la saliva saliendo de sus mandíbulas.

Доли го гони, с обезумял поглед, слюнка хвърчаща от челюстите й.

Ella se mantuvo justo detrás de Buck, sin ganar terreno ni quedarse atrás.

Тя се държеше точно зад Бък, без да го настига, нито пък отстъпваше назад.

Buck corrió a través del bosque, bajó por la isla y cruzó el hielo irregular.

Бък тичаше през гората, надолу по острова, през назъбения лед.

Cruzó hacia una isla, luego hacia otra, dando la vuelta nuevamente hasta el río.

Той прекоси до един остров, после до друг, заобикаляйки обратно към реката.

Aún así Dolly lo persiguió, con su gruñido detrás de cada paso.

Доли все още го гонеше, ръмжейки след него на всяка крачка.

Buck podía oír su respiración y su rabia, aunque no se atrevía a mirar atrás.

Бък чуваше дъха и яростта й, макар че не смееше да погледне назад.

François gritó desde lejos y Buck se giró hacia la voz.

Франсоа извика отдалеч и Бък се обърна по посока на гласа.

Todavía jadeando en busca de aire, Buck pasó corriendo, poniendo toda su esperanza en François.

Все още задъхан, Бък протича покрай тях, възлагайки всички надежди на Франсоа.

El conductor del perro levantó un hacha y esperó mientras Buck pasaba volando.

Водачът на кучето вдигна брадва и изчака, докато Бък прелетя покрай него.

El hacha cayó rápidamente y golpeó la cabeza de Dolly con una fuerza mortal.

Брадвата се стовари бързо и удари главата на Доли със смъртоносна сила.

Buck se desplomó cerca del trineo, jadeando e incapaz de moverse.

Бък се свлече близо до шейната, хриптейки и неспособен да се помръдне.

Ese momento le dio a Spitz la oportunidad de golpear a un enemigo exhausto.

Този момент даде на Шпиц шанс да удари изтощен враг.

Mordió a Buck dos veces, desgarrando la carne hasta el hueso blanco.

Два пъти ухапа Бък, разкъсвайки плътта му до бялата кост.

El látigo de François hizo chasquear el látigo y golpeó a Spitz con toda su fuerza y furia.

Камшикът на Франсоа изпука и удари Шпиц с пълна, яростна сила.

Buck observó con alegría cómo Spitz recibía la paliza más dura que había recibido hasta entonces.

Бък наблюдаваше с радост как Шпиц получаваше най-жестокия си побой досега.

"Es un demonio ese Spitz", murmuró Perrault para sí mismo.

„Той е дявол, този Шпиц", промърмори мрачно Перо на себе си.

"Algún día, ese maldito perro matará a Buck, lo juro".

„Някой ден скоро това проклето куче ще убие Бък — кълна се."

—Ese Buck tiene dos demonios dentro —respondió François asintiendo.

— Този Бък има два дявола в себе си — отвърна Франсоа с кимване.

"Cuando veo a Buck, sé que algo feroz le aguarda dentro".

„Когато гледам Бък, знам, че в него чака нещо яростно."

"Un día se pondrá furioso y destrozará a Spitz".

„Един ден ще се разяри като огън и ще разкъса Шпиц на парчета."

"Masticará a ese perro y lo escupirá en la nieve congelada".

„Ще сдъвче това куче и ще го изплюе върху замръзналия сняг."

"Estoy seguro de que lo sé en lo más profundo de mi ser".

„Разбира се, знам го дълбоко в себе си."

A partir de ese momento los dos perros quedaron en guerra.

От този момент нататък двете кучета бяха вперени във война.

Spitz lideró al equipo y mantuvo el poder, pero Buck lo desafió.

Шпиц водеше отбора и държеше властта, но Бък оспори това.

Spitz vio su rango amenazado por este extraño extraño de Southland.

Шпиц видя как този странен непознат от Юга е заплашен за ранга му.

Buck no se parecía a ningún otro perro sureño que Spitz hubiera conocido antes.

Бък не приличаше на никое южняшко куче, което Шпиц беше познавал преди.

La mayoría de ellos fracasaron: eran demasiado débiles para sobrevivir al frío y al hambre.

Повечето от тях се провалиха – твърде слаби, за да преживеят студ и глад.

Murieron rápidamente bajo el trabajo, las heladas y el lento ardor del hambre.

Те умираха бързо под труда, студа и бавното изгаряне на глада.

Buck se destacó: cada día más fuerte, más inteligente y más salvaje.

Бък се открояваше — по-силен, по-умен и по-свиреп с всеки изминал ден.

Prosperó a pesar de las dificultades y creció hasta alcanzar el nivel de los perros esquimales del norte.

Той процъфтяваше в трудностите, израствайки, за да може да се сравни със северните хъскита.

Buck tenía fuerza, habilidad salvaje y un instinto paciente y mortal.

Бък притежаваше сила, диво умение и търпелив, смъртоносен инстинкт.

El hombre con el garrote había golpeado la temeridad de Buck.

Мъжът с тоягата беше пребил Бък от прибързаност.

La furia ciega desapareció y fue reemplazada por una astucia silenciosa y control.

Сляпата ярост беше изчезнала, заменена от тиха хитрост и контрол.

Esperó, tranquilo y primario, observando el momento adecuado.

Той чакаше, спокоен и първичен, търсейки подходящия момент.

Su lucha por el mando se hizo inevitable y clara.

Борбата им за командване стана неизбежна и ясна.

Buck deseaba el liderazgo porque su espíritu lo exigía.

Бък желаеше лидерство, защото духът му го изискваше.

Lo impulsaba el extraño orgullo nacido del camino y del arnés.

Той беше воден от странната гордост, родена от пътеката и сбруята.

Ese orgullo hizo que los perros tiraran hasta caer sobre la nieve.

Тази гордост караше кучетата да дърпат, докато не се срутят в снега.

El orgullo los llevó a dar toda la fuerza que tenían.

Гордостта ги примамваше да дадат цялата си сила.

El orgullo puede atraer a un perro de trineo incluso hasta el punto de la muerte.

Гордостта може да примами куче за впряг дори до смърт.

La pérdida del arnés dejó a los perros rotos y sin propósito.

Загубата на хамута оставяше кучетата съсипани и безцелни.

El corazón de un perro de trineo puede quedar aplastado por la vergüenza cuando se retira.

Сърцето на куче за впряг може да бъде смазано от срам, когато се пенсионира.

Dave vivió con ese orgullo mientras arrastraba el trineo desde atrás.

Дейв живееше с тази гордост, докато влачеше шейната отзад.

Solleks también lo dio todo con fuerza y lealtad.

Солекс също се отдаде напълно с мрачна сила и лоялност.

Cada mañana, el orgullo los transformaba de amargados a decididos.

Всяка сутрин гордостта ги превръщаше от огорчени в решителни.

Empujaron todo el día y luego se quedaron en silencio al final del campamento.

Те настояваха цял ден, след което замълчаха в края на лагера.

Ese orgullo le dio a Spitz la fuerza para poner a raya a los evasores.

Тази гордост даде на Шпиц силата да подреди избягалите.

Spitz temía a Buck porque Buck tenía ese mismo orgullo profundo.

Шпиц се страхуваше от Бък, защото Бък носеше същата дълбока гордост.

El orgullo de Buck ahora se agitó contra Spitz, y no se detuvo.

Гордостта на Бък сега се надигна срещу Шпиц и той не спря.

Buck desafió el poder de Spitz y le impidió castigar a los perros.

Бък се противопостави на силата на Шпиц и му попречи да наказва кучета.

Cuando otros fallaron, Buck se interpuso entre ellos y su líder.

Когато другите се проваляха, Бък заставаше между тях и техния лидер.

Lo hizo con intención, dejando claro y abierto su desafío.

Той направи това с намерение, отправяйки предизвикателството си открито и ясно.

Una noche, una fuerte nevada cubrió el mundo con un profundo silencio.
Една нощ обилен сняг покри света с дълбока тишина.
A la mañana siguiente, Pike, perezoso como siempre, no se levantó para ir a trabajar.
На следващата сутрин Пайк, мързелив както винаги, не стана за работа.
Se quedó escondido en su nido bajo una gruesa capa de nieve.
Той остана скрит в гнездото си под дебел слой сняг.
François gritó y buscó, pero no pudo encontrar al perro.
Франсоа извика и потърси, но не можа да намери кучето.
Spitz se puso furioso y atravesó furioso el campamento cubierto de nieve.
Шпиц се разяри и нахлу в щурм през покрития със сняг лагер.
Gruñó y olfateó, cavando frenéticamente con ojos llameantes.
Той изръмжа и подсмърча, ровейки бясно с пламтящи очи.
Su rabia era tan feroz que Pike tembló de miedo bajo la nieve.
Яростта му беше толкова свирепа, че Пайк се разтресе под снега от страх.
Cuando finalmente encontraron a Pike, Spitz se abalanzó sobre él para castigar al perro que estaba escondido.
Когато Пайк най-накрая беше намерен, Шпиц се нахвърли, за да накаже скрилото се куче.
Pero Buck saltó entre ellos con una furia igual a la de Spitz.
Но Бък скочи между тях с ярост, равна на тази на Шпиц.
El ataque fue tan repentino e inteligente que Spitz cayó al suelo.
Атаката беше толкова внезапна и хитра, че Шпиц падна на земята.
Pike, que estaba temblando, se animó ante este desafío.
Пайк, който трепереше, се осмели от това неподчинение.

Saltó sobre el Spitz caído, siguiendo el audaz ejemplo de Buck.

Той скочи върху падналия Шпиц, следвайки смелия пример на Бък.

Buck, que ya no estaba obligado por la justicia, se unió a la huelga de Spitz.

Бък, вече не обвързан от принципите на справедливост, се присъедини към стачката срещу Шпиц.

François, divertido pero firme en su disciplina, blandió su pesado látigo.

Франсоа, развеселен, но твърдо дисциплиниран, замахна с тежкия си камшик.

Golpeó a Buck con todas sus fuerzas para acabar con la pelea.

Той удари Бък с всичка сила, за да прекрати боя.

Buck se negó a moverse y se quedó encima del líder caído.

Бък отказа да се помръдне и остана върху падналия водач.

François entonces utilizó el mango del látigo y golpeó con fuerza a Buck.

След това Франсоа използва дръжката на камшика, удряйки силно Бък.

Tambaleándose por el golpe, Buck cayó hacia atrás bajo el asalto.

Олюлявайки се от удара, Бък се отдръпна под атаката.

François golpeó una y otra vez mientras Spitz castigaba a Pike.

Франсоа удряше отново и отново, докато Шпиц наказваше Пайк.

Pasaron los días y Dawson City estaba cada vez más cerca.

Дните минаваха и Доусън Сити ставаше все по-близо и по-близо.

Buck seguía interfiriendo, interponiéndose entre Spitz y otros perros.

Бък непрекъснато се месеше, промъквайки се между Шпиц и други кучета.

Elegía bien sus momentos, esperando siempre que François se marchase.

Той избираше добре моментите си, винаги чакайки Франсоа да си тръгне.

La rebelión silenciosa de Buck se extendió y el desorden se arraigó en el equipo.

Тихият бунт на Бък се разпространи и в отбора се настани безредие.

Dave y Solleks se mantuvieron leales, pero otros se volvieron rebeldes.

Дейв и Солекс останаха лоялни, но други станаха непокорни.

El equipo empeoró: se volvió inquieto, pendenciero y fuera de lugar.

Екипът ставаше все по-неспокоен — неспокоен, свадлив и нередовен.

Ya nada funcionaba con fluidez y las peleas se volvieron algo habitual.

Нищо вече не работеше гладко и кавгите станаха нещо обичайно.

Buck permaneció en el corazón del problema, provocando siempre malestar.

Бък остана в центъра на неприятностите, винаги провокирайки вълнения.

François se mantuvo alerta, temeroso de la pelea entre Buck y Spitz.

Франсоа остана нащрек, страхувайки се от боя между Бък и Шпиц.

Cada noche, las peleas lo despertaban, temiendo que finalmente llegara el comienzo.

Всяка нощ го събуждаха схватки, страхувайки се, че началото най-накрая е настъпило.

Saltó de su túnica, dispuesto a detener la pelea.

Той скочи от робата си, готов да прекъсне боя.

Pero el momento nunca llegó y finalmente llegaron a Dawson.

Но моментът така и не настъпи и най-накрая стигнаха до Доусън.

El equipo entró en la ciudad una tarde sombría, tensa y silenciosa.

Екипът влезе в града един мрачен следобед, напрегнат и тих.

La gran batalla por el liderazgo todavía estaba suspendida en el aire.

Голямата битка за лидерство все още висеше в замръзналия въздух.

Dawson estaba lleno de hombres y perros de trineo, todos ocupados con el trabajo.

Доусън беше пълен с мъже и впряжни кучета, всички заети с работа.

Buck observó a los perros tirar cargas desde la mañana hasta la noche.

Бък наблюдаваше как кучетата теглят товари от сутрин до вечер.

Transportaban troncos y leña y transportaban suministros a las minas.

Те превозваха трупи и дърва за огрев, превозваха провизии до мините.

Donde antes trabajaban los caballos en las tierras del sur, ahora trabajaban los perros.

Там, където някога в Южната земя работеха коне, сега се трудеха кучета.

Buck vio algunos perros del sur, pero la mayoría eran huskies parecidos a lobos.

Бък видя няколко кучета от юг, но повечето бяха хъскита, подобни на вълци.

Por la noche, como un reloj, los perros alzaban sus voces cantando.

През нощта, като по часовник, кучетата пееха с повишен глас.

A las nueve, a las doce y de nuevo a las tres, empezó el canto.

В девет, в полунощ и отново в три часа пеенето започна.

A Buck le encantaba unirse a su canto misterioso, de sonido salvaje y antiguo.

Бък обичаше да се присъединява към зловещото им напев, диво и древно по звук.

La aurora llameó, las estrellas bailaron y la nieve cubrió la tierra.

Аврората пламтеше, звездите танцуваха, а земята беше покрита с сняг.

El canto de los perros se elevó como un grito contra el silencio y el frío intenso.

Песента на кучетата се издигна като вик срещу тишината и лютия студ.

Pero su aullido contenía tristeza, no desafío, en cada larga nota.

Но воят им съдържаше тъга, а не предизвикателство, във всяка дълга нота.

Cada grito lamentable estaba lleno de súplica: el peso de la vida misma.

Всеки вой беше изпълнен с молба; бремето на самия живот.

Esa canción era vieja, más vieja que las ciudades y más vieja que los incendios.

Тази песен беше стара — по-стара от градовете и по-стара от пожарите

Aquella canción era más antigua incluso que las voces de los hombres.

Тази песен беше по-древна дори от човешките гласове.

Era una canción del mundo joven, cuando todas las canciones eran tristes.

Това беше песен от младия свят, когато всички песни бяха тъжни.

La canción transportaba el dolor de incontables generaciones de perros.

Песента носеше тъга от безброй поколения кучета.

Buck sintió la melodía profundamente, gimiendo por un dolor arraigado en los siglos.

Бък усети мелодията дълбоко, стенейки от болка, вкоренена във вековете.

Sollozaba por un dolor tan antiguo como la sangre salvaje en sus venas.

Той ридаеше от мъка, стара като дивата кръв във вените му.

El frío, la oscuridad y el misterio tocaron el alma de Buck.

Студът, тъмнината и мистерията докоснаха душата на Бък.

Esa canción demostró hasta qué punto Buck había regresado a sus orígenes.

Тази песен доказа колко далеч се е върнал Бък към корените си.

Entre la nieve y los aullidos había encontrado el comienzo de su propia vida.

През сняг и вой той беше намерил началото на собствения си живот.

Siete días después de llegar a Dawson, partieron nuevamente.

Седем дни след пристигането си в Доусън, те отново тръгнаха на път.

El equipo descendió del cuartel hasta el sendero Yukon.

Екипът се спусна от казармата надолу към пътеката Юкон.

Comenzaron el viaje de regreso hacia Dyea y Salt Water.

Те започнаха пътуването обратно към Дайя и Солт Уотър.

Perrault llevaba despachos aún más urgentes que antes.

Перо носеше още по-спешни пратки от преди.

También se sintió dominado por el orgullo por el sendero y se propuso establecer un récord.

Той също беше обзет от гордост по пътеките и се стремеше да постави рекорд.

Esta vez, varias ventajas estaban del lado de Perrault.

Този път няколко предимства бяха на страната на Перо.

Los perros habían descansado durante una semana entera y recuperaron su fuerza.

Кучетата бяха почивали цяла седмица и бяха възвърнали силите си.

El camino que ellos habían abierto ahora estaba compactado por otros.

Пътеката, която бяха проправили, сега беше утъпкана от други.

En algunos lugares, la policía había almacenado comida tanto para perros como para hombres.

На някои места полицията беше складирала храна както за кучета, така и за мъже.

Perrault viajaba ligero, moviéndose rápido y con poco que lo pesara.

Перо пътуваше с лекота, движеше се бързо и почти нищо не го тежеше.

Llegaron a Sixty-Mile, un recorrido de cincuenta millas, en la primera noche.

Те стигнаха до „Шестдесет мили", бягане от петдесет мили, още първата нощ.

El segundo día, se apresuraron a subir por el Yukón hacia Pelly.

На втория ден те се втурнаха нагоре по Юкон към Пели.

Pero estos grandes avances implicaron un gran esfuerzo para François.

Но такъв добър напредък дойде с много напрежение за Франсоа.

La rebelión silenciosa de Buck había destrozado la disciplina del equipo.

Тихият бунт на Бък беше разрушил дисциплината на отбора.

Ya no tiraban juntos como una sola bestia bajo las riendas.

Те вече не се дърпаха заедно като един звяр, държан на юздите.

Buck había llevado a otros al desafío mediante su valiente ejemplo.

Бък беше подтикнал другите към неподчинение чрез смелия си пример.

La orden de Spitz ya no fue recibida con miedo ni respeto.

Заповедта на Шпиц вече не беше посрещана със страх или уважение.

Los demás perdieron el respeto que le tenían y se atrevieron a resistirse a su gobierno.

Другите загубиха страхопочитанието си към него и се осмелиха да се съпротивляват на управлението му.

Una noche, Pike robó medio pescado y se lo comió bajo la mirada de Buck.

Една нощ Пайк откраднал половин риба и я изял под окото на Бък.

Otra noche, Dub y Joe pelearon contra Spitz y quedaron impunes.

Друга вечер Дъб и Джо се сбиха със Шпиц и останаха ненаказани.

Incluso Billee se quejó con menos dulzura y mostró una nueva agudeza.

Дори Били хленчеше по-малко сладко и показа нова острота.

Buck le gruñó a Spitz cada vez que se cruzaban.

Бък ръмжеше на Шпиц всеки път, когато пътищата им се пресичаха.

La actitud de Buck se volvió audaz y amenazante, casi como la de un matón.

Отношението на Бък стана дръзко и заплашително, почти като на побойник.

Caminó delante de Spitz con arrogancia, lleno de amenaza burlona.

Той крачеше пред Шпиц с перчене, изпълнено с подигравателна заплаха.

Ese colapso del orden se extendió también entre los perros de trineo.

Това разрушаване на реда се разпространи и сред кучетата за впряг.

Pelearon y discutieron más que nunca, llenando el campamento de ruido.

Те се караха и спореха повече от всякога, изпълвайки лагера с шум.

La vida en el campamento se convertía cada noche en un caos salvaje y aullante.

Лагерният живот се превръщаше в див, виещ хаос всяка нощ.

Sólo Dave y Solleks permanecieron firmes y concentrados.

Само Дейв и Солекс останаха стабилни и съсредоточени.

Pero incluso ellos se enojaron por las peleas constantes.

Но дори и те се изнервяха от постоянните сбивания.

François maldijo en lenguas extrañas y pisoteó con frustración.

Франсоа изруга на странни езици и тропаше отчаяно.

Se tiró del pelo y gritó mientras la nieve volaba bajo sus pies.

Той скубеше косата си и крещеше, докато сняг лети под краката му.

Su látigo azotó a la manada, pero apenas logró mantenerlos bajo control.

Камшикът му щракна по глутницата, но едва ги задържа в редица.

Cada vez que él le daba la espalda, la lucha estallaba de nuevo.

Винаги, когато обръщаше гръб, боят избухваше отново.

François utilizó el látigo para azotar a Spitz, mientras Buck lideraba a los rebeldes.

Франсоа използва камшика за Шпиц, докато Бък поведе бунтовниците.

Cada uno conocía el papel del otro, pero Buck evitó cualquier culpa.

Всеки знаеше ролята на другия, но Бък избягваше всякакви обвинения.

François nunca sorprendió a Buck iniciando una pelea o eludiendo su trabajo.

Франсоа никога не е хващал Бък да започва бой или да бяга от работата си.

Buck trabajó duro con el arnés; el trabajo ahora emocionaba su espíritu.

Бък работеше усилено в хамута — трудът сега вълнуваше духа му.

Pero encontró aún más alegría al provocar peleas y caos en el campamento.

Но той намираше още по-голяма радост в разпалването на боеве и хаос в лагера.

Una noche, en la desembocadura del Tahkeena, Dub asustó a un conejo.

Една вечер в устата на Тахкина, Дъб стреснал заек.

Falló el tiro y el conejo con raquetas de nieve saltó lejos.

Той пропусна уловката и заекът-снежник отскочи.

En cuestión de segundos, todo el equipo de trineo los persiguió con gritos salvajes.

След секунди целият впряг с шейни ги преследваше с диви викове.

Cerca de allí, un campamento de la Policía del Noroeste albergaba cincuenta perros husky.

Наблизо, лагер на северозападната полиция приютяваше петдесет кучета хъски.

Se unieron a la caza y navegaron juntos por el río helado.

Те се присъединиха към лова, спускайки се заедно по замръзналата река.

El conejo se desvió del río y huyó hacia el lecho congelado del arroyo.

Заекът свърна от реката, бягайки нагоре по замръзналото корито на потока.

El conejo saltaba suavemente sobre la nieve mientras los perros se abrían paso con dificultad.

Заекът леко подскачаше по снега, докато кучетата се мъчеха да се промъкнат през него.

Buck lideró la enorme manada de sesenta perros en cada curva.

Бък водеше огромната глутница от шестдесет кучета около всеки криволичещ завой.

Avanzó lentamente y con entusiasmo, pero no pudo ganar terreno.

Той продължи напред, ниско и нетърпеливо, но не можа да набере скорост.

Su cuerpo brillaba bajo la pálida luna con cada poderoso salto.

Тялото му проблясваше под бледата луна с всеки мощен скок.

Más adelante, el conejo se movía como un fantasma, silencioso y demasiado rápido para atraparlo.

Напред заекът се движеше като призрак, безшумен и твърде бърз, за да бъде хванат.

Todos esos viejos instintos —el hambre, la emoción— se apoderaron de Buck.

Всички онези стари инстинкти – гладът, тръпката – нахлуха в Бък.

Los humanos a veces sienten este instinto y se ven impulsados a cazar con armas de fuego y balas.

Хората понякога усещат този инстинкт, подтикнати да ловуват с пушка и куршуми.

Pero Buck sintió este sentimiento a un nivel más profundo y personal.

Но Бък изпитваше това чувство на по-дълбоко и по-лично ниво.

No podían sentir lo salvaje en su sangre como Buck podía sentirlo.

Те не можеха да усетят дивото в кръвта си така, както Бък можеше да го усети.

Persiguió carne viva, dispuesto a matar con los dientes y saborear la sangre.

Той гонеше живо месо, готов да убива със зъби и да вкуси кръв.

Su cuerpo se tensó de alegría, queriendo bañarse en la cálida vida roja.

Тялото му се напрягаше от радост, искаше да се окъпе в топлата червена вода на живота.

Una extraña alegría marca el punto más alto que la vida puede alcanzar.

Странна радост бележи най-високата точка, която животът някога може да достигне.

La sensación de una cima donde los vivos olvidan que están vivos.

Усещането за връх, където живите забравят, че изобщо са живи.

Esta alegría profunda conmueve al artista perdido en una inspiración ardiente.

Тази дълбока радост докосва художника, изгубен в пламтящо вдъхновение.

Esta alegría se apodera del soldado que lucha salvajemente y no perdona a ningún enemigo.

Тази радост обзема войника, който се бие диво и не щади врагове.

Esta alegría ahora se apoderó de Buck mientras lideraba la manada con hambre primaria.

Тази радост сега обзе Бък, докато водеше глутницата с първичен глад.

Aulló con el antiguo grito del lobo, emocionado por la persecución en vida.

Той виеше с древния вълчи вик, развълнуван от живата лов.

Buck recurrió a la parte más antigua de sí mismo, perdida en la naturaleza.

Бък се докосна до най-старата част от себе си, изгубена в дивата природа.

Llegó a lo más profundo, más allá de la memoria, al tiempo crudo y antiguo.

Той се потопи дълбоко в себе си, в отвъдните спомени, в суровото, древно време.

Una ola de vida pura recorrió cada músculo y tendón.

Вълна от чист живот премина през всеки мускул и сухожилие.

Cada salto gritaba que vivía, que avanzaba a través de la muerte.

Всеки скок крещеше, че е жив, че преминава през смъртта.

Su cuerpo se elevaba alegremente sobre una tierra quieta y fría que nunca se movía.

Тялото му се рееше радостно над неподвижна, студена земя, която никога не помръдваше.

Spitz se mantuvo frío y astuto, incluso en sus momentos más salvajes.

Шпиц оставаше хладнокръвен и хитър, дори в най-дивите си моменти.

Dejó el sendero y cruzó el terreno donde el arroyo se curvaba ampliamente.

Той напусна пътеката и прекоси земя, където потокът се извиваше широко.

Buck, sin darse cuenta de esto, permaneció en el sinuoso camino del conejo.

Бък, без да знае за това, остана на криволичещата пътека на заека.

Entonces, cuando Buck dobló una curva, el conejo fantasmal estaba frente a él.

Тогава, когато Бък зави зад завой, призрачният заек се озова пред него.

Vio una segunda figura saltar desde la orilla delante de la presa.

Той видя втора фигура да скочи от брега пред плячката.

La figura era Spitz, aterrizando justo en el camino del conejo que huía.

Фигурата беше Шпиц, кацнал точно на пътя на бягащия заек.

El conejo no pudo girar y se encontró con las fauces de Spitz en el aire.

Заекът не можеше да се обърне и срещна челюстите на Шпиц във въздуха.

La columna vertebral del conejo se rompió con un chillido tan agudo como el grito de un humano moribundo.

Гръбнакът на заека се счупи с писък, остър като плач на умиращ човек.

Ante ese sonido, la caída de la vida a la muerte, la manada aulló fuerte.

При този звук — падането от живот към смърт — глутницата залая силно.

Un coro salvaje se elevó detrás de Buck, lleno de oscuro deleite.

Див хор се издигна зад Бък, изпълнен с мрачна наслада.

Buck no emitió ningún grito ni sonido y se lanzó directamente hacia Spitz.

Бък не издаде нито вик, нито звук и се нахвърли право върху Шпиц.

Apuntó a la garganta, pero en lugar de eso golpeó el hombro.

Той се прицели в гърлото, но вместо това удари рамото.

Cayeron sobre la nieve blanda; sus cuerpos trabados en combate.

Те се търкаляха през мекия сняг; телата им се сковаха в битка.

Spitz se levantó rápidamente, como si nunca lo hubieran derribado.

Шпиц скочи бързо, сякаш никога не е бил повален.

Cortó el hombro de Buck y luego saltó para alejarse de la pelea.

Той поряза рамото на Бък, след което скочи да се отдръпне от боя.

Sus dientes chasquearon dos veces como trampas de acero y sus labios se curvaron y fueron feroces.

Зъбите му щракнаха два пъти като стоманени капани, устните му се извиха свирепо.

Retrocedió lentamente, buscando terreno firme bajo sus pies.

Той се отдръпна бавно, търсейки твърда почва под краката си.

Buck comprendió el momento instantánea y completamente.

Бък разбра момента мигновено и напълно.

Había llegado el momento; la lucha iba a ser una lucha a muerte.

Времето беше дошло; битката щеше да бъде битка до смърт.

Los dos perros daban vueltas, gruñendo, con las orejas planas y los ojos entrecerrados.

Двете кучета кръжаха около тях, ръмжейки, с присвити уши и присвити очи.

Cada perro esperaba que el otro mostrara debilidad o un paso en falso.

Всяко куче чакаше другото да покаже слабост или да сгреши.

Para Buck, la escena era inquietantemente conocida y recordada profundamente.

За Бък сцената му се стори зловещо позната и дълбоко запомнена.

El bosque blanco, la tierra fría, la batalla bajo la luz de la luna.

Белите гори, студената земя, битката под лунна светлина.

Un pesado silencio llenó la tierra, profundo y antinatural.

Тежка тишина изпълни земята, дълбока и неестествена.

Ningún viento se agitó, ninguna hoja se movió, ningún sonido rompió la quietud.

Нито вятър, нито листо помръдна, нито звук наруши тишината.

El aliento de los perros se elevaba como humo en el aire helado y silencioso.

Дъхът на кучетата се издигаше като дим в замръзналия, тих въздух.

El conejo fue olvidado hace mucho tiempo por la manada de bestias salvajes.

Заекът отдавна беше забравен от глутницата диви зверове.

Estos lobos medio domesticados ahora permanecían quietos formando un amplio círculo.

Тези полуопитомени зълци сега стояха неподвижно в широк кръг.

Estaban en silencio, sólo sus ojos brillantes revelaban su hambre.

Те бяха тихи, само светещите им очи издаваха глада им.

Su respiración se elevó mientras observaban cómo comenzaba la pelea final.

Дъхът им се ускори, докато наблюдаваха началото на финалната битка.

Para Buck, esta batalla era vieja y esperada, nada extraña.

За Бък тази битка беше стара и очаквана, никак не странна.

Parecía el recuerdo de algo que siempre estuvo destinado a suceder.

Чувстваше се като спомен за нещо, което винаги е било предопределено да се случи.

Spitz era un perro de pelea entrenado, perfeccionado por innumerables peleas salvajes.

Шпицът беше обучено бойно куче, усъвършенствано от безброй диви боеве.

Desde Spitzbergen hasta Canadá, había vencido a muchos enemigos.

От Шпицберген до Канада той беше овладял много врагове.

Estaba lleno de furia, pero nunca dejó controlar la rabia.

Той беше изпълнен с ярост, но никога не се поддаваше на контрол над яростта.

Su pasión era aguda, pero siempre templada por un duro instinto.

Страстта му беше остра, но винаги смекчена от твърд инстинкт.

Nunca atacó hasta que su propia defensa estuvo en su lugar.

Той никога не атакуваше, докато не си осигури собствена защита.

Buck intentó una y otra vez alcanzar el vulnerable cuello de Spitz.

Бък се опитваше отново и отново да достигне уязвимия врат на Шпиц.

Pero cada golpe era correspondido con un corte de los afilados dientes de Spitz.

Но всеки удар беше посрещан с пронизващ удар от острите зъби на Шпиц.

Sus colmillos chocaron y ambos perros sangraron por los labios desgarrados.

Зъбите им се сблъскаха и двете кучета прокървиха от разкъсаните си устни.

No importaba cuánto se lanzara Buck, no podía romper la defensa.

Колкото и да се нахвърляше Бък, не успяваше да пробие защитата.

Se puso más furioso y se abalanzó con salvajes ráfagas de poder.

Той се разяри още повече, нахлувайки с диви изблици на енергия.

Una y otra vez, Buck atacó la garganta blanca de Spitz.

Отново и отново Бък удряше по бялото гърло на Шпиц.

Cada vez que Spitz esquivaba el ataque, contraatacaba con un mordisco cortante.

Всеки път Шпиц се изплъзваше и отвръщаше на удара с режеща хапка.

Entonces Buck cambió de táctica y se abalanzó nuevamente hacia la garganta.

Тогава Бък смени тактиката, отново се втурвайки сякаш към гърлото.

Pero él retrocedió a mitad del ataque y se giró para atacar desde un costado.

Но той се отдръпна по средата на атаката, обръщайки се, за да удари отстрани.

Le lanzó el hombro a Spitz con la intención de derribarlo.

Той хвърли рамо в Шпиц, целяйки да го събори.

Cada vez que lo intentaba, Spitz lo esquivaba y contraatacaba con un corte.

Всеки път, когато се опитваше, Шпиц се изплъзваше и контраатакуваше с удар.

El hombro de Buck se enrojeció cuando Spitz saltó después de cada golpe.

Рамото на Бък се разболя, докато Шпиц отскачаше след всеки удар.

Spitz no había sido tocado, mientras que Buck sangraba por muchas heridas.

Шпиц не беше докоснат, докато Бък кървеше от многобройните си рани.

La respiración de Buck era rápida y pesada y su cuerpo estaba cubierto de sangre.

Бък дишаше учестено и тежко, тялото му беше хлъзгаво от кръв.

La pelea se volvió más brutal con cada mordisco y embestida.

С всяка хапка и атака битката ставаше все по-брутална.

A su alrededor, sesenta perros silenciosos esperaban que cayera el primero.

Около тях шестдесет мълчаливи кучета чакаха първите да паднат.

Si un perro caía, la manada terminaría la pelea.

Ако едно куче падне, глутницата щеше да довърши битката.

Spitz vio que Buck se estaba debilitando y comenzó a presionar para atacar.

Шпиц видя, че Бък отслабва, и започна да настоява за атака.

Mantuvo a Buck fuera de equilibrio, obligándolo a luchar para mantener el equilibrio.

Той държеше Бък извън равновесие, принуждавайки го да се бори за опора.

Una vez Buck tropezó y cayó, y todos los perros se levantaron.

Веднъж Бък се спъна и падна, а всички кучета се изправиха.

Pero Buck se enderezó a mitad de la caída y todos volvieron a caer.

Но Бък се изправи по средата на падането и всички отново потънаха.

Buck tenía algo poco común: una imaginación nacida de un instinto profundo.

Бък притежаваше нещо рядко срещано – въображение, родено от дълбок инстинкт.

Peleó con impulso natural, pero también peleó con astucia.

Той се биеше с естествен инстинкт, но се биеше и с хитрост.

Cargó de nuevo como si repitiera su truco de ataque con el hombro.

Той отново се нахвърли в атака, сякаш повтаряше номера си с атака с рамо.

Pero en el último segundo, se agachó y pasó por debajo de Spitz.

Но в последната секунда той се спусна ниско и профуча под Шпиц.

Sus dientes se clavaron en la pata delantera izquierda de Spitz con un chasquido.

Зъбите му се забиха в предния ляв крак на Шпиц с щракване.

Spitz ahora estaba inestable, con su peso sobre sólo tres patas.

Шпиц сега стоеше нестабилно, тежестта му се крепеше само на три крака.

Buck atacó de nuevo e intentó derribarlo tres veces.

Бък удари отново, опита се три пъти да го повали.

En el cuarto intento utilizó el mismo movimiento con éxito.

На четвъртия опит той използва същия ход с успех.

Esta vez Buck logró morder la pata derecha de Spitz.

Този път Бък успя да захапе десния крак на Шпиц.

Spitz, aunque lisiado y en agonía, siguió luchando por sobrevivir.

Шпиц, макар и осакатен и в агония, продължаваше да се бори да оцелее.

Vio que el círculo de huskies se estrechaba, con las lenguas afuera y los ojos brillantes.

Той видя как кръгът от хъскита се стегна, с изплезени езици и светещи очи.

Esperaron para devorarlo, tal como habían hecho con los otros.

Те чакаха да го погълнат, точно както бяха направили с другите.

Esta vez, él estaba en el centro; derrotado y condenado.

Този път той стоеше в центъра; победен и обречен.

Ya no había opción de escapar para el perro blanco.

Сега бялото куче нямаше друг избор да избяга.

Buck no mostró piedad, porque la piedad no pertenecía a la naturaleza.

Бък не показа милост, защото милостта не беше място за дивата природа.

Buck se movió con cuidado, preparándose para la carga final.

Бък се движеше внимателно, подготвяйки се за последната атака.

El círculo de perros esquimales se cerró; sintió sus respiraciones cálidas.

Кръгът от хъските се затвори; той усети топлите им дъхи.

Se agacharon, preparados para saltar cuando llegara el momento.

Те се приклекнаха ниско, готови да скочат, когато моментът настъпи.

Spitz temblaba en la nieve, gruñendo y cambiando su postura.

Шпиц трепереше в снега, ръмжеше и местеше стойката си.

Sus ojos brillaban, sus labios se curvaron y sus dientes brillaron en una amenaza desesperada.

Очите му блестяха, устните му се извиха, зъбите му проблясваха в отчаяна заплаха.

Se tambaleó, todavía intentando contener el frío mordisco de la muerte.

Той се олюля, все още опитвайки се да сдържи студения ухапване на смъртта.

Ya había visto esto antes, pero siempre desde el lado ganador.

Беше виждал това и преди, но винаги от печелившата страна.

Ahora estaba en el bando perdedor; el derrotado; la presa; la muerte.

Сега той беше на страната на губещите; победените; плячката; смъртта.

Buck voló en círculos para asestar el golpe final, mientras el círculo de perros se acercaba cada vez más.

Бък се завъртя за последния удар, кръгът от кучета се притисна още по-близо.

Podía sentir sus respiraciones calientes; listas para matar.

Той усещаше горещите им дъхове; готови за убийство.

Se hizo un silencio absoluto, todo estaba en su lugar, el tiempo se había detenido.

Настъпи тишина; всичко си беше на мястото; времето беше спряло.

Incluso el aire frío entre ellos se congeló por un último momento.

Дори студеният въздух между тях замръзна за последен миг.

Sólo Spitz se movió, intentando contener su amargo final.

Само Шпиц се движеше, опитвайки се да сдържи горчивия си край.

El círculo de perros se iba cerrando a su alrededor, tal como era su destino.

Кръгът от кучета се затваряше около него, както и съдбата му.

Ahora estaba desesperado, sabiendo lo que estaba a punto de suceder.

Сега беше отчаян, знаейки какво ще се случи.

Buck saltó y hombro con hombro chocó una última vez.

Бък скочи напред, рамо срещна рамо за последен път.

Los perros se lanzaron hacia adelante, cubriendo a Spitz en la oscuridad nevada.

Кучетата се втурнаха напред, покривайки Шпиц в снежния мрак.

Buck observaba, erguido, vencedor en un mundo salvaje.

Бък наблюдаваше, изправен; победителят в един див свят.

La bestia primordial dominante había cometido su asesinato, y fue bueno.

Доминиращият първичен звяр беше направил своето убийство и това беше добре.

Aquel que ha alcanzado la maestría
Този, който е спечелил майсторство

¿Eh? ¿Qué dije? Digo la verdad cuando digo que Buck es un demonio.

„А? Какво казах? Прав съм, когато казвам, че Бък е дявол."

François dijo esto a la mañana siguiente después de descubrir que Spitz había desaparecido.

Франсоа каза това на следващата сутрин, след като откри, че Шпиц е изчезнал.

Buck permaneció allí, cubierto de heridas por la feroz pelea.

Бък стоеше там, покрит с рани от ожесточената битка.

François acercó a Buck al fuego y señaló las heridas.

Франсоа придърпа Бък близо до огъня и посочи раните.

"Ese Spitz peleó como Devik", dijo Perrault, mirando los profundos cortes.

„Този Шпиц се биеше като Девик", каза Перо, оглеждайки дълбоките рани.

—Y ese Buck peleó como dos demonios —respondió François inmediatamente.

— И че Бък се биеше като два дявола — отвърна веднага Франсоа.

"Ahora iremos a buen ritmo; no más Spitz, no más problemas".

„Сега ще се справим добре; край на Шпиц, край на неприятностите."

Perrault estaba empacando el equipo y cargando el trineo con cuidado.

Перо опаковаше багажа и товареше шейната внимателно.

François enjaezó a los perros para prepararlos para la carrera del día.

Франсоа впрегна кучетата, подготвяйки ги за дневното бягане.

Buck trotó directamente a la posición de liderazgo que alguna vez ocupó Spitz.

Бък се затича право към водещата позиция, която някога заемаше Шпиц.

Pero François, sin darse cuenta, condujo a Solleks hacia el frente.

Но Франсоа, без да забелязва, поведе Солекс напред към предната част.

A juicio de François, Solleks era ahora el mejor perro guía.

Според преценката на Франсоа, Солекс вече беше най-доброто куче-водач.

Buck se abalanzó furioso sobre Solleks y lo hizo retroceder en protesta.

Бък се нахвърли яростно върху Солекс и го отблъсна в знак на протест.

Se situó en el mismo lugar que una vez estuvo Spitz, ocupando la posición de liderazgo.

Той застана там, където някога беше стоял Шпиц, претендирайки за водещата позиция.

—¿Eh? ¿Eh? —gritó François, dándose palmadas en los muslos, divertido.

„А? А?" — извика Франсоа, като се пляскаше развеселено по бедрата.

—Mira a Buck. Mató a Spitz y ahora quiere aceptar el trabajo.

„Виж Бък — той уби Шпиц, а сега иска да вземе работата!"

—¡Vete, Chook! —gritó, intentando ahuyentar a Buck.

„Махай се, Чук!" – извика той, опитвайки се да прогони Бък.

Pero Buck se negó a moverse y se mantuvo firme en la nieve.

Но Бък отказа да помръдне и стоеше здраво в снега.

François agarró a Buck por la nuca y lo arrastró a un lado.

Франсоа сграбчи Бък за яката и го дръпна настрани.

Buck gruñó bajo y amenazante, pero no atacó.

Бък изръмжа ниско и заплашително, но не атакува.

François puso a Solleks de nuevo en cabeza, intentando resolver la disputa.

Франсоа отново изведе Солекс напред, опитвайки се да разреши спора

El perro viejo mostró miedo de Buck y no quería quedarse.

Старото куче показа страх от Бък и не искаше да остане.

Cuando François le dio la espalda, Buck expulsó nuevamente a Solleks.

Когато Франсоа му обърна гръб, Бък отново изгони Солекс.

Solleks no se resistió y se hizo a un lado silenciosamente una vez más.

Солекс не се съпротивляваше и тихо се отдръпна отново.

François se enojó y gritó: "¡Por Dios, te arreglo!"

Франсоа се ядоса и извика: „За Бога, ще те оправя!"

Se acercó a Buck sosteniendo un pesado garrote en su mano.

Той се приближи до Бък, държейки тежка тояга в ръка.

Buck recordaba bien al hombre del suéter rojo.

Бък добре си спомняше мъжа с червения пуловер.

Se retiró lentamente, observando a François, pero gruñendo profundamente.

Той се отдръпна бавно, наблюдавайки Франсоа, но ръмжейки дълбоко.

No se apresuró a regresar, incluso cuando Solleks ocupó su lugar.

Той не се втурна назад, дори когато Солекс застана на негово място.

Buck voló en círculos fuera de su alcance, gruñendo con furia y protesta.

Бък се завъртя точно извън обсега им, ръмжейки от ярост и протест.

Mantuvo la vista fija en el palo, dispuesto a esquivarlo si François lanzaba.

Той не откъсваше очи от стика, готов да се измъкне, ако Франсоа хвърли.

Se había vuelto sabio y cauteloso en cuanto a las costumbres de los hombres con armas.

Той беше станал мъдър и предпазлив по отношение на оръжейните мъже.

François se dio por vencido y llamó a Buck nuevamente a su antiguo lugar.

Франсоа се отказа и отново повика Бък на предишното му място.

Pero Buck retrocedió con cautela, negándose a obedecer la orden.

Но Бък отстъпи предпазливо назад, отказвайки да се подчини на заповедта.

François lo siguió, pero Buck sólo retrocedió unos pasos más.

Франсоа го последва, но Бък отстъпи само още няколко крачки.

Después de un tiempo, François arrojó el arma al suelo, frustrado.

След известно време Франсоа хвърли оръжието от отчаяние.

Pensó que Buck tenía miedo de que le dieran una paliza y que iba a venir sin hacer mucho ruido.

Той си помисли, че Бък се страхува от побой и ще дойде тихо.

Pero Buck no estaba evitando el castigo: estaba luchando por su rango.

Но Бък не избягваше наказанието — той се бореше за ранг.

Se había ganado el puesto de perro líder mediante una pelea a muerte.

Той си беше спечелил мястото на куче-водещ чрез битка до смърт.

No iba a conformarse con nada menos que ser el líder.

Той нямаше да се задоволи с нищо по-малко от това да бъде лидер.

Perrault participó en la persecución para ayudar a atrapar al rebelde Buck.

Перо се намеси в преследването, за да помогне за залавянето на непокорния Бък.

Juntos lo hicieron correr alrededor del campamento durante casi una hora.

Заедно го разхождаха из лагера близо час.

Le lanzaron garrotes, pero Buck los esquivó hábilmente.

Хвърляха тояги по него, но Бък умело избягваше всяка
една от тях.

**Lo maldijeron a él, a sus padres, a sus descendientes y a cada
cabello que tenía.**

Те проклеха него, предците му, потомците му и всеки
косъм по него.

Pero Buck sólo gruñó y se quedó fuera de su alcance.

Но Бък само изръмжа в отговор и остана точно извън
обсега им.

**Nunca intentó huir, sino que rodeó el campamento
deliberadamente.**

Той никога не се е опитвал да избяга, а умишлено е
обикалял лагера.

**Dejó claro que obedecería una vez que le dieran lo que
quería.**

Той ясно заяви, че ще се подчини, щом му дадат това,
което иска.

**François finalmente se sentó y se rascó la cabeza con
frustración.**

Франсоа най-накрая седна и се почеса по главата отчаяно.

**Perrault miró su reloj, maldijo y murmuró algo sobre el
tiempo perdido.**

Перо погледна часовника си, изруга и промърмори за
изгубеното време.

Ya había pasado una hora cuando debían estar en el sendero.

Вече беше минал един час, откакто трябваше да са на
пътеката.

**François se encogió de hombros tímidamente y miró al
mensajero, quien suspiró derrotado.**

Франсоа сви плахо рамене към куриера, който въздъхна
победено.

**Entonces François se acercó a Solleks y llamó a Buck una vez
más.**

След това Франсоа отиде до Солекс и отново извика Бък.

**Buck se rió como se ríe un perro, pero mantuvo una distancia
cautelosa.**

Бък се засмя като кучешки смях, но запази предпазлива дистанция.

François le quitó el arnés a Solleks y lo devolvió a su lugar.

Франсоа свали хамута на Солекс и го върна на мястото му.

El equipo de trineo estaba completamente arneses y solo había un lugar libre.

Впрягът с шейни беше напълно впрегнат, като само едно място беше незаето.

La posición de liderazgo quedó vacía, claramente destinada solo para Buck.

Водещата позиция остана празна, очевидно предназначена само за Бък.

François volvió a llamar, y nuevamente Buck rió y se mantuvo firme.

Франсоа извика отново и Бък отново се засмя и удържа позицията си.

—Tira el garrote —ordenó Perrault sin dudarlo.

„Хвърли тоягата", заповяда Перо без колебание.

François obedeció y Buck inmediatamente trotó hacia adelante orgulloso.

Франсоа се подчини и Бък веднага гордо тръгна напред.

Se rió triunfante y asumió la posición de líder.

Той се засмя триумфално и зае водещата позиция.

François aseguró sus correajes y el trineo se soltó.

Франсоа закрепи следите си и шейната се откъсна.

Ambos hombres corrieron al lado del equipo mientras corrían hacia el sendero del río.

И двамата мъже тичаха редом с екипа, който се втурваше по пътеката край реката.

François tenía en alta estima a los "dos demonios" de Buck.

Франсоа имаше високо мнение за „двамата дяволи" на Бък

Pero pronto se dio cuenta de que en realidad había subestimado al perro.

но скоро осъзна, че всъщност е подценил кучето.

Buck asumió rápidamente el liderazgo y trabajó con excelencia.

Бък бързо пое лидерството и се представи отлично.

En juicio, pensamiento rápido y acción veloz, Buck superó a Spitz.

По преценка, бързо мислене и бързи действия Бък превъзхождаше Шпиц.

François nunca había visto un perro igual al que Buck mostraba ahora.

Франсоа никога не беше виждал куче, равностойно на това, което Бък сега демонстрираше.

Pero Buck realmente sobresalía en imponer el orden e imponer respeto.

Но Бък наистина се отличаваше в налагането на ред и внушаването на уважение.

Dave y Solleks aceptaron el cambio sin preocupación ni protesta.

Дейв и Солекс приеха промяната без притеснение или протест.

Se concentraron únicamente en el trabajo y en tirar con fuerza de las riendas.

Те се съсредоточиха само върху работата и здраво дърпаха юздите.

A ellos les importaba poco quién iba delante, siempre y cuando el trineo siguiera moviéndose.

Малко ги интересуваше кой води, стига шейната да продължаваше да се движи.

Billee, la alegre, podría haber liderado todo lo que a ellos les importaba.

Били, веселата, можеше да поведе, колкото и да ги интересуваше.

Lo que les importaba era la paz y el orden en las filas.

За тях важни бяха мирът и редът в редиците.

El resto del equipo se había vuelto rebelde durante la decadencia de Spitz.

Останалата част от отбора беше станала непокорна по време на упадъка на Шпиц.

Se sorprendieron cuando Buck inmediatamente los puso en orden.

Те бяха шокирани, когато Бък веднага ги подреди.

Pike siempre había sido perezoso y arrastraba los pies detrás de Buck.

Пайк винаги беше мързелив и се беше влачил след Бък.

Pero ahora el nuevo liderazgo lo ha disciplinado severamente.

Но сега беше строго дисциплиниран от новото ръководство.

Y rápidamente aprendió a aportar su granito de arena en el equipo.

И той бързо се научи да играе важна роля в отбора.

Al final del día, Pike trabajó más duro que nunca.

Към края на деня Пайк работеше по-усърдно от всякога.

Esa noche en el campamento, Joe, el perro amargado, finalmente fue sometido.

Същата нощ в лагера Джо, киселото куче, най-накрая беше покорен.

Spitz no logró disciplinarlo, pero Buck no falló.

Шпиц не успя да го накаже, но Бък не се провали.

Utilizando su mayor peso, Buck superó a Joe en segundos.

Използвайки по-голямата си тежест, Бък надви Джо за секунди.

Mordió y golpeó a Joe hasta que gimió y dejó de resistirse.

Той хапеше и удряше Джо, докато той не изскимтя и не спря да се съпротивлява.

Todo el equipo mejoró a partir de ese momento.

Целият отбор се подобри от този момент нататък.

Los perros recuperaron su antigua unidad y disciplina.

Кучетата възвърнаха старото си единство и дисциплина.

En Rink Rapids, se unieron dos nuevos huskies nativos, Teek y Koona.

В Ринк Рапидс се присъединиха две нови местни хъскита, Тийк и Куна.

El rápido entrenamiento que Buck les dio sorprendió incluso a François.

Бързото обучение на Бък изуми дори Франсоа.

"¡Nunca hubo un perro como ese Buck!" gritó con asombro.

„Никога не е имало такова куче като този Бък!" – извика той с удивление.

¡No, jamás! ¡Vale mil dólares, por Dios!

„Не, никога! Той струва хиляда долара, за бога!"

—¿Eh? ¿Qué dices, Perrault? —preguntó con orgullo.

„А? Какво ще кажеш, Перо?" — попита той с гордост.

Perrault asintió en señal de acuerdo y revisó sus notas.

Перо кимна в знак на съгласие и провери бележките си.

Ya vamos por delante del cronograma y ganamos más cada día.

Вече изпреварваме графика и всеки ден печелим повече.

El sendero estaba duro y liso, sin nieve fresca.

Пътеката беше твърда и гладка, без пресен сняг.

El frío era constante, rondando los cincuenta grados bajo cero durante todo el tiempo.

Студът беше постоянен, като през цялото време се движеше около петдесет градуса под нулата.

Los hombres cabalgaban y corrían por turnos para entrar en calor y ganar tiempo.

Мъжете яздеха и тичаха на свой ред, за да се стоплят и да си намерят време.

Los perros corrían rápido, con pocas paradas y siempre avanzando.

Кучетата тичаха бързо с малко спирания, винаги натискайки напред.

El río Thirty Mile estaba casi congelado y era fácil cruzarlo.

Река Тридесет и миля беше предимно замръзнала и лесна за преминаване.

Salieron en un día lo que habían tardado diez días en llegar.

Те излязоха за един ден, това, което им отне десет дни, за да пристигнат.

Hicieron una carrera de sesenta millas desde el lago Le Barge hasta White Horse.

Те направиха шестдесеткилометров бяг от езерото Льо Барж до Белия кон.

A través de los lagos Marsh, Tagish y Bennett se movieron increíblemente rápido.

През езерата Марш, Тагиш и Бенет те се движеха невероятно бързо.

El hombre corriendo remolcado detrás del trineo por una cuerda.

Бягащият мъж теглеше шейната по въже.

En la última noche de la segunda semana llegaron a su destino.

В последната нощ на втората седмица те стигнаха до местоназначението си.

Habían llegado juntos a la cima del Paso Blanco.

Бяха стигнали заедно върха на Белия проход.

Descendieron al nivel del mar con las luces de Skaguay debajo de ellos.

Те се спуснаха до морското равнище, а светлините на Скагуей бяха под тях.

Había sido una carrera que estableció un récord a través de kilómetros de desierto frío.

Това беше рекордно бягане през километри студена пустош.

Durante catorce días seguidos, recorrieron un promedio de cuarenta millas.

В продължение на четиринадесет дни те изминаваха средно по четиридесет мили.

En Skaguay, Perrault y François transportaban mercancías por la ciudad.

В Скагуей Перо и Франсоа превозвали товари през града.

Fueron aplaudidos y la multitud admirada les ofreció muchas bebidas.

Те бяха аплодирани и им предлагани много напитки от възхитената тълпа.

Los cazadores de perros y los trabajadores se reunieron alrededor del famoso equipo de perros.

Ловци на кучета и работници се събраха около известния кучешки впряг.

Luego, los forajidos del oeste llegaron a la ciudad y sufrieron una derrota violenta.

Тогава западни разбойници дойдоха в града и претърпяха жестоко поражение.

La gente pronto se olvidó del equipo y se centró en un nuevo drama.

Хората скоро забравиха отбора и се съсредоточиха върху нова драма.

Luego vinieron las nuevas órdenes que cambiaron todo de golpe.

След това дойдоха новите заповеди, които промениха всичко наведнъж.

François llamó a Buck y lo abrazó con orgullo entre lágrimas.

Франсоа повика Бък при себе си и го прегърна със сълзи на гордост.

Ese momento fue la última vez que Buck volvió a ver a François.

Този момент беше последният път, когато Бък видя Франсоа отново.

Como muchos hombres antes, tanto François como Perrault se habían ido.

Както много мъже преди това, и Франсоа, и Перо ги нямаше.

Un mestizo escocés se hizo cargo de Buck y sus compañeros de equipo de perros de trineo.

Шотландско куче от смесена порода пое отговорност за Бък и неговите съотборници, впрегатни кучета.

Con una docena de otros equipos de perros, regresaron por el sendero hasta Dawson.

С дузина други кучешки впрягове те се върнаха по пътеката към Доусън.

Ya no era una carrera rápida, solo un trabajo duro con una carga pesada cada día.

Вече не беше бързо бягане — просто тежък труд с тежък товар всеки ден.

Éste era el tren correo que llevaba noticias a los buscadores de oro cerca del Polo.

Това беше пощенският влак, който носеше вест на ловците на злато близо до полюса.

A Buck no le gustaba el trabajo, pero lo soportaba bien y se enorgullecía de su esfuerzo.

Бък не харесваше работата, но я понасяше добре, гордеейки се с усилията си.

Al igual que Dave y Solleks, Buck mostró devoción por cada tarea diaria.

Подобно на Дейв и Солекс, Бък показваше всеотдайност към всяка ежедневна задача.

Se aseguró de que cada uno de sus compañeros hiciera su parte.

Той се увери, че всеки от съотборниците му се справя с тежестта, която му е отредена.

La vida en el sendero se volvió aburrida, repetida con la precisión de una máquina.

Животът по пътеките стана скучен, повтарящ се с прецизността на машина.

Cada día parecía igual, una mañana se fundía con la siguiente.

Всеки ден се усещаше един и същ, една сутрин се сливаше със следващата.

A la misma hora, los cocineros se levantaron para hacer fogatas y preparar la comida.

В същия час готвачите станаха, за да запалят огньове и да приготвят храна.

Después del desayuno, algunos abandonaron el campamento mientras otros enjaezaron los perros.

След закуска някои напуснаха лагера, докато други впрегнаха кучетата.

Se pusieron en marcha antes de que la tenue señal del amanecer tocara el cielo.

Те стигнаха до пътеката, преди смътният лъч на зората да докосне небето.

Por la noche se detenían para acampar, cada hombre con una tarea determinada.

През нощта те спираха, за да направят лагер, като всеки мъж имаше определена задача.

Algunos montaron tiendas de campaña, otros cortaron leña y recogieron ramas de pino.

Някои опънаха палатките, други секоха дърва за огрев и събираха борови клони.

Se llevaba agua o hielo a los cocineros para la cena.

За вечерята на готвачите се носеше вода или лед.

Los perros fueron alimentados y esta fue la mejor parte del día para ellos.

Кучетата бяха нахранени и това беше най-хубавата част от деня за тях.

Después de comer pescado, los perros se relajaron y descansaron cerca del fuego.

След като ядоха риба, кучетата се отпуснаха и се излежаваха близо до огъня.

Había otros cien perros en el convoy con los que mezclarse.

В конвоя имаше още стотина кучета, с които можеше да се смеси.

Muchos de esos perros eran feroces y rápidos para pelear sin previo aviso.

Много от тези кучета бяха свирепи и бързи да се бият без предупреждение.

Pero después de tres victorias, Buck dominó incluso a los luchadores más feroces.

Но след три победи, Бък овладя дори най-свирепите бойци.

Cuando Buck gruñó y mostró los dientes, se hicieron a un lado.

Сега, когато Бък изръмжа и показа зъби, те се отдръпнаха.

Quizás lo mejor de todo es que a Buck le encantaba tumbarse cerca de la fogata parpadeante.

Може би най-хубавото от всичко беше, че Бък обичаше да лежи близо до трепкащия лагерен огън.

Se agachó con las patas traseras dobladas y las patas delanteras estiradas hacia adelante.

Той клекна със свити задни крака и предни, изпънати напред.

Levantó la cabeza mientras parpadeaba suavemente ante las llamas brillantes.

Главата му беше вдигната, докато премигваше тихо към светещите пламъци.

A veces recordaba la gran casa del juez Miller en Santa Clara.

Понякога си спомняше голямата къща на съдия Милър в Санта Клара.

Pensó en la piscina de cemento, en Ysabel y en el pug llamado Toots.

Той си помисли за циментовия басейн, за Изабел и мопса на име Тутс.

Pero más a menudo recordaba el garrote del hombre del suéter rojo.

Но по-често си спомняше за мъжа с червения пуловер.

Recordó la muerte de Curly y su feroz batalla con Spitz.

Той си спомни смъртта на Кърли и ожесточената му битка със Шпиц.

También recordó la buena comida que había comido o con la que aún soñaba.

Той си спомни и хубавата храна, която беше ял или за която все още мечтаеше.

Buck no sentía nostalgia: el cálido valle era distante e irreal.

Бък не изпитваше носталгия — топлата долина беше далечна и нереална.

Los recuerdos de California ya no ejercían ninguna atracción sobre él.

Спомените за Калифорния вече не го привличаха особено.

Más fuertes que la memoria eran los instintos profundos en su linaje.

По-силни от паметта бяха инстинктите, дълбоко заложени в кръвта му.

Los hábitos que una vez se habían perdido habían regresado, revividos por el camino y la naturaleza.

Някога загубените навици се бяха завърнали, съживени от пътеката и дивата природа.

Mientras Buck observaba la luz del fuego, a veces se convertía en otra cosa.

Докато Бък наблюдаваше светлината на огъня, тя понякога се превръщаше в нещо друго.

Vio a la luz del fuego otro fuego, más antiguo y más profundo que el actual.

В светлината на огъня той видя друг огън, по-стар и по-дълбок от сегашния.

Junto a ese otro fuego se agazapaba un hombre que no se parecía en nada al cocinero mestizo.

До другия огън се беше свил мъж, различен от готвача-мелез.

Esta figura tenía piernas cortas, brazos largos y músculos duros y anudados.

Тази фигура имаше къси крака, дълги ръце и твърди, стегнати мускули.

Su cabello era largo y enmarañado, y caía hacia atrás desde los ojos.

Косата му беше дълга и сплъстена, спускаща се назад от очите.

Hizo ruidos extraños y miró con miedo hacia la oscuridad.

Той издаваше странни звуци и се взираше уплашено в тъмнината.

Sostenía agachado un garrote de piedra, firmemente agarrado con su mano larga y áspera.

Той държеше ниско каменна тояга, здраво стисната в дългата му груба ръка.

El hombre vestía poco: sólo una piel carbonizada que le colgaba por la espalda.

Мъжът носеше оскъдно облекло; само обгорена кожа, която висеше по гърба му.

Su cuerpo estaba cubierto de espeso vello en los brazos, el pecho y los muslos.

Тялото му беше покрито с гъста коса по ръцете, гърдите и бедрата.

Algunas partes del cabello estaban enredadas en parches de pelaje áspero.

Някои части от косата бяха преплетени на кичури груба козина.

No se mantenía erguido, sino inclinado hacia delante desde las caderas hasta las rodillas.

Той не стоеше изправен, а се наведе напред от бедрата до коленете.

Sus pasos eran elásticos y felinos, como si estuviera siempre dispuesto a saltar.

Стъпките му бяха пружиниращи и котешки, сякаш винаги готов да скочи.

Había un estado de alerta agudo, como si viviera con miedo constante.

Имаше остра бдителност, сякаш живееше в постоянен страх.

Este hombre anciano parecía esperar el peligro, ya sea que lo viera o no.

Този древен мъж сякаш очакваше опасност, независимо дали опасността беше видима или не.

A veces, el hombre peludo dormía junto al fuego, con la cabeza metida entre las piernas.

Понякога косматият мъж спеше край огъня, с глава, пъхната между краката.

Sus codos descansaban sobre sus rodillas, sus manos entrelazadas sobre su cabeza.

Лактите му бяха опряни на коленете, ръцете му бяха скръстени над главата.

Como un perro, usó sus brazos peludos para protegerse de la lluvia que caía.

Като куче той използваше косматите си ръце, за да се отърси от падащия дъжд.

Más allá de la luz del fuego, Buck vio dos brasas brillando en la oscuridad.

Отвъд светлината на огъня Бък видя два жарава, светещи в тъмнината.

Siempre de dos en dos, eran los ojos de las bestias rapaces al acecho.

Винаги по двама, те бяха очите на дебнещи хищни зверове.

Escuchó cuerpos chocando contra la maleza y ruidos en la noche.

Той чуваше как тела се разбиват през храстите и звуци, издавани през нощта.

Acostado en la orilla del Yukón, parpadeando, Buck soñaba junto al fuego.

Лежейки на брега на Юкон и примигвайки, Бък сънува край огъня.

Las vistas y los sonidos de ese mundo salvaje le ponían los pelos de punta.

Гледките и звуците на този див свят накараха косата му да настръхне.

El pelaje se le subió por la espalda, los hombros y el cuello.

Козината се надигаше по гърба му, раменете и нагоре по врата му.

Él gimió suavemente o emitió un gruñido bajo y profundo en su pecho.

Той тихо изскимтя или изръмжа дълбоко в гърдите си.

Entonces el cocinero mestizo gritó: "¡Oye, Buck, despierta!"

Тогава готвачът-метис извика: „Хей, Бък, събуди се!"

El mundo de los sueños desapareció y la vida real regresó a los ojos de Buck.

Светът на сънищата изчезна и истинският живот се завърна в очите на Бък.

Iba a levantarse, estirarse y bostezar, como si acabara de despertar de una siesta.

Щеше да стане, да се протегне и да се прозяе, сякаш се е събудил от дрямка.

El viaje fue duro, con el trineo del correo arrastrándose detrás de ellos.

Пътуването беше трудно, пощенската шейна се влачеше зад тях.

Las cargas pesadas y el trabajo duro agotaban a los perros cada largo día.

Тежките товари и тежката работа изтощаваха кучетата всеки дълъг ден.

Llegaron a Dawson delgados, cansados y necesitando más de una semana de descanso.

Пристигнаха в Доусън измършавели, уморени и нуждаещи се от повече от седмица почивка.

Pero sólo dos días después, emprendieron nuevamente el descenso por el Yukón.

Но само два дни по-късно те отново тръгнаха по Юкон.

Estaban cargados con más cartas destinadas al mundo exterior.

Те бяха натоварени с още писма, предназначени за външния свят.

Los perros estaban exhaustos y los hombres se quejaban constantemente.

Кучетата бяха изтощени, а мъжете непрекъснато се оплакваха.

La nieve caía todos los días, suavizando el camino y ralentizando los trineos.

Сняг валеше всеки ден, омекотявайки пътеката и забавяйки шейните.

Esto provocó que el tirón fuera más difícil y hubo más resistencia para los corredores.

Това доведе до по-трудно дърпане и по-голямо съпротивление на бегачите.

A pesar de eso, los pilotos fueron justos y se preocuparon por sus equipos.

Въпреки това, пилотите бяха коректни и се грижеха за отборите си.

Cada noche, los perros eran alimentados antes de que los hombres pudieran comer.

Всяка вечер кучетата били хранени, преди мъжете да се нахранят.

Ningún hombre duerme sin antes revisar las patas de su propio perro.

Никой човек не е спал, преди да провери краката на собственото си куче.

Aún así, los perros se fueron debilitando a medida que los kilómetros iban desgastando sus cuerpos.

Въпреки това, кучетата отслабваха с напредването на километрите.

Habían viajado mil ochocientas millas durante el invierno.

Бяха изминали хиляда и осемстотин мили през зимата.

Tiraron de trineos a lo largo de cada milla de esa brutal distancia.

Те теглиха шейни през всяка миля от това брутално разстояние.

Incluso los perros de trineo más resistentes sienten tensión después de tantos kilómetros.

Дори най-издръжливите кучета за впряг чувстват напрежение след толкова много километри.

Buck aguantó, mantuvo a su equipo trabajando y mantuvo la disciplina.

Бък се държеше, поддържаше екипа си в действие и поддържаше дисциплина.

Pero Buck estaba cansado, al igual que los demás en el largo viaje.

Но Бък беше уморен, точно както останалите по време на дългото пътуване.

Billee gemía y lloraba mientras dormía todas las noches sin falta.

Били хленчеше и плачеше насън всяка нощ без прекъсване.

Joe se volvió aún más amargado y Solleks se mantuvo frío y distante.

Джо се огорчи още повече, а Солекс остана студен и дистанциран.

Pero fue Dave quien sufrió más de todo el equipo.

Но Дейв пострада най-много от целия екип.

Algo había ido mal dentro de él, aunque nadie sabía qué.

Нещо се беше объркало вътре в него, макар че никой не знаеше какво.

Se volvió más malhumorado y les gritaba a los demás con creciente enojo.

Той ставаше по-настроен и се сърдеше на другите с нарастващ гняв.

Cada noche iba directo a su nido, esperando ser alimentado.

Всяка вечер той отиваше директно в гнездото си, чакайки да бъде нахранен.

Una vez que cayó, Dave no se levantó hasta la mañana.

След като легна, Дейв не стана до сутринта.

En las riendas, tirones o arranques repentinos le hacían gritar de dolor.

При юздите, внезапни потрепвания или стряскания го караха да извика от болка.

Su conductor buscó la causa, pero no encontró heridos.

Шофьорът му потърси причината, но не откри никакви наранявания по него.

Todos los conductores comenzaron a observar a Dave y discutieron su caso.

Всички шофьори започнаха да наблюдават Дейв и да обсъждат неговия случай.

Hablaron durante las comidas y durante el último cigarrillo del día.

Те разговаряха по време на хранене и по време на последната си цигара за деня.

Una noche tuvieron una reunión y llevaron a Dave al fuego.

Една вечер те проведоха събрание и доведоха Дейв до огъня.

Le apretaron y le palparon el cuerpo, y él gritaba a menudo.

Те притискаха и сондираха тялото му и той често викаше.

Estaba claro que algo iba mal, aunque no parecía haber ningún hueso roto.

Очевидно нещо не беше наред, въпреки че костите не изглеждаха счупени.

Cuando llegaron a Cassiar Bar, Dave se estaba cayendo.

Когато стигнаха до бар „Касиар", Дейв вече падаше.

El mestizo escocés pidió un alto y eliminó a Dave del equipo.

Шотландският мелез обяви край на отбора и извади Дейв от него.

Sujetó a Solleks en el lugar de Dave, más cerca del frente del trineo.

Той закрепи Солекс на мястото на Дейв, най-близо до предната част на шейната.

Su intención era dejar que Dave descansara y corriera libremente detrás del trineo en movimiento.

Той възнамеряваше да остави Дейв да си почине и да тича свободно зад движещата се шейна.

Pero incluso estando enfermo, Dave odiaba que lo sacaran del trabajo que había tenido.

Но дори и болен, Дейв мразеше да го отнемат от работата, която беше заемал.

Gruñó y gimió cuando le quitaron las riendas del cuerpo.

Той изръмжа и изскимтя, когато юздите бяха издърпани от тялото му.

Cuando vio a Solleks en su lugar, lloró con el corazón roto.

Когато видя Солекс на негово място, той се разплака от съкрушена болка.

El orgullo por el trabajo en los senderos estaba profundamente arraigado en Dave, incluso cuando se acercaba la muerte.

Гордостта от работата по пътеките беше дълбока в Дейв, дори когато смъртта наближаваше.

Mientras el trineo se movía, Dave se tambaleaba sobre la nieve blanda cerca del sendero.

Докато шейната се движеше, Дейв се промъкваше през мекия сняг близо до пътеката.

Atacó a Solleks, mordiéndolo y empujándolo desde el costado del trineo.

Той нападна Солекс, хапейки го и бутвайки го от страната на шейната.

Dave intentó saltar al arnés y recuperar su lugar de trabajo.

Дейв се опита да скочи в сбруята и да си върне работното място.

Gritó, se quejó y lloró, dividido entre el dolor y el orgullo por el trabajo.

Той викаше, хленчеше и плачеше, разкъсван между болката и гордостта от труда.

El mestizo usó su látigo para intentar alejar a Dave del equipo.

Метисът използва камшика си, за да се опита да прогони Дейв от отбора.

Pero Dave ignoró el látigo y el hombre no pudo golpearlo más fuerte.

Но Дейв игнорира удара с камшик и мъжът не можа да го удари по-силно.

Dave rechazó el camino más fácil detrás del trineo, donde la nieve estaba acumulada.

Дейв отказа по-лесния път зад шейната, където беше утъпкан сняг.

En cambio, luchaba en la nieve profunda junto al sendero, en la miseria.

Вместо това, той се мъчеше в дълбокия сняг край пътеката, в мизерия.

Finalmente, Dave se desplomó, quedó tendido en la nieve y aullando de dolor.

Накрая Дейв се срина, легна в снега и виеше от болка.

Gritó cuando el largo tren de trineos pasó a su lado uno por uno.

Той извика, когато дългата колона от шейни го подмина една по една.

Aún con las fuerzas que le quedaban, se levantó y tropezó tras ellos.

Все пак, с останалите сили, той се изправи и се препъна след тях.

Lo alcanzó cuando el tren se detuvo nuevamente y encontró su viejo trineo.

Той настигна, когато влакът спря отново, и намери старата си шейна.

Pasó junto a los otros equipos y se quedó de nuevo al lado de Solleks.

Той се промъкна покрай другите отбори и отново застана до Солекс.

Cuando el conductor se detuvo para encender su pipa, Dave aprovechó su última oportunidad.

Докато шофьорът спираше, за да запали лулата си, Дейв се възползва от последния си шанс.

Cuando el conductor regresó y gritó, el equipo no avanzó.

Когато шофьорът се върна и извика, екипът не продължи напред.

Los perros habían girado la cabeza, confundidos por la parada repentina.

Кучетата бяха обърнали глави, объркани от внезапното спиране.

El conductor también estaba sorprendido: el trineo no se había movido ni un centímetro hacia adelante.

Шофьорът също беше шокиран — шейната не се беше помръднала нито сантиметър напред.

Llamó a los demás para que vinieran a ver qué había sucedido.

Той извика останалите да дойдат и да видят какво се е случило.

Dave había mordido las riendas de Solleks, rompiéndolas ambas.

Дейв беше прегризал юздите на Солекс, счупвайки и двете.

Ahora estaba de pie frente al trineo, nuevamente en su posición correcta.

Сега той стоеше пред шейната, отново на полагащото му се място.

Dave miró al conductor y le rogó en silencio que se mantuviera en el carril.

Дейв погледна нагоре към шофьора, мълчаливо го умолявайки да не се отклонява от пътя.

El conductor estaba desconcertado, sin saber qué hacer con el perro que luchaba.

Шофьорът беше озадачен, несигурен какво да направи с борещото се куче.

Los otros hombres hablaron de perros que habían muerto al ser sacados a la calle.

Другите мъже говореха за кучета, които бяха умрели, след като бяха изведени навън.

Contaron sobre perros viejos o heridos cuyo corazón se rompió al ser abandonados.

Те разказваха за стари или ранени кучета, чиито сърца се късаха, когато ги оставиха.

Estuvieron de acuerdo en que era una misericordia dejar que Dave muriera mientras aún estaba en su arnés.

Те се съгласиха, че е милост да оставят Дейв да умре, докато е още в сбруята си.

Lo volvieron a sujetar al trineo y Dave tiró con orgullo.

Той беше завързан обратно за шейната и Дейв я теглеше с гордост.

Aunque a veces gritaba, trabajaba como si el dolor pudiera ignorarse.

Въпреки че понякога викаше, той работеше така, сякаш болката можеше да бъде игнорирана.

Más de una vez se cayó y fue arrastrado antes de levantarse de nuevo.

Неведнъж падаше и беше влачен, преди да се изправи отново.

Un día, el trineo pasó por encima de él y desde ese momento empezó a cojear.

Веднъж шейната се преобърна върху него и от този момент нататък той накуцваше.

Aún así, trabajó hasta llegar al campamento y luego se acostó junto al fuego.

Въпреки това той работеше, докато стигна до лагера, а след това легна край огъня.

Por la mañana, Dave estaba demasiado débil para viajar o incluso mantenerse en pie.

До сутринта Дейв беше твърде слаб, за да пътува или дори да стои изправен.

En el momento de preparar el arnés, intentó alcanzar a su conductor con un esfuerzo tembloroso.

В момента, в който се впрягаше, той се опита да стигне до шофьора си с трепереще усилие.

Se obligó a levantarse, se tambaleó y se desplomó sobre el suelo nevado.

Той се насили да се изправи, олюля се и се строполи на заснежената земя.

Utilizando sus patas delanteras, arrastró su cuerpo hacia el área del arnés.

Използвайки предните си крака, той завлачи тялото си към мястото за впрягане.

Avanzó poco a poco, centímetro a centímetro, hacia los perros de trabajo.

Той се придвижваше напред, сантиметър по сантиметър, към работещите кучета.

Sus fuerzas se acabaron, pero siguió avanzando en su último y desesperado esfuerzo.

Силите му напуснаха, но той продължи да се движи в последния си отчаян тласък.

Sus compañeros de equipo lo vieron jadeando en la nieve, todavía deseando unirse a ellos.

Съотборниците му го видяха да се задъхва в снега, все още копнеещ да се присъедини към тях.

Lo oyeron aullar de dolor mientras dejaban atrás el campamento.

Чуха го да вие от тъга, когато напускаха лагера.

Cuando el equipo desapareció entre los árboles, el grito de Dave resonó detrás de ellos.

Докато екипът изчезваше сред дърветата, викът на Дейв отекваше зад тях.

El tren de trineos se detuvo brevemente después de cruzar un tramo de bosque junto al río.

Влакчето с шейни спря за кратко, след като прекоси ивица речна гора.

El mestizo escocés caminó lentamente de regreso hacia el campamento que estaba detrás.

Шотландският мелез бавно се върна към лагера отзад.

Los hombres dejaron de hablar cuando lo vieron salir del tren de trineos.

Мъжете млъкнаха, когато го видяха да напуска шейната.

Entonces un único disparo se oyó claro y nítido en el camino.

Тогава един-единствен изстрел проехтя ясно и остро по пътеката.

El hombre regresó rápidamente y ocupó su lugar sin decir palabra.

Мъжът се върна бързо и зае мястото си безмълвно.

Los látigos crujieron, las campanas tintinearon y los trineos rodaron por la nieve.

Камшици пращяха, звънци звъняха и шейните се търкаляха през снега.

Pero Buck sabía lo que había sucedido... y todos los demás perros también.

Но Бък знаеше какво се е случило — както и всяко друго куче.

El trabajo de las riendas y el sendero
Трудът на юздите и пътеката

Treinta días después de salir de Dawson, el Salt Water Mail llegó a Skaguay.
Тридесет дни след като напусна Доусън, пощата на Солената вода пристигна в Скагуей.

Buck y sus compañeros tomaron la delantera, llegando en lamentables condiciones.
Бък и съотборниците му поведоха, пристигайки в окаяно състояние.

Buck había bajado de ciento cuarenta a ciento quince libras.
Бък беше свалил от сто четиридесет на сто и петнадесет паунда.

Los otros perros, aunque más pequeños, habían perdido aún más peso corporal.
Другите кучета, макар и по-дребни, бяха загубили още повече телесно тегло.

Pike, que antes fingía cojear, ahora arrastraba tras él una pierna realmente herida.
Пайк, някога фалшив куц, сега влачеше зад себе си наистина контузения си крак.

Solleks cojeaba mucho y Dub tenía un omóplato torcido.
Солекс куцаше силно, а Дъб имаше изкълчена лопатка.

Todos los perros del equipo tenían las patas doloridas por las semanas que pasaron en el sendero helado.
Всяко куче в екипа имаше болки в краката от седмиците по замръзналата пътека.

Ya no tenían resorte en sus pasos, sólo un movimiento lento y arrastrado.
В стъпките им не остана никаква еластичност, само бавно, влачещо се движение.

Sus pies golpeaban el sendero con fuerza y cada paso añadía más tensión a sus cuerpos.
Краката им стъпваха силно по пътеката, всяка стъпка добавяше все повече напрежение към телата им.

No estaban enfermos, sólo agotados más allá de toda recuperación natural.

Те не бяха болни, а само изтощени до невъзстановимост.

No era el cansancio de un día duro que se curaba con una noche de descanso.

Това не беше умора от един тежък ден, излекувана с нощна почивка.

Fue un agotamiento acumulado lentamente a lo largo de meses de esfuerzo agotador.

Това беше изтощение, натрупвано бавно в продължение на месеци на изтощителни усилия.

No quedaban reservas de fuerza: habían agotado todas las que tenían.

Не им останаха никакви резервни сили — бяха изразходвали всичко, което имаха.

Cada músculo, fibra y célula de sus cuerpos estaba gastado y desgastado.

Всеки мускул, влакно и клетка в телата им бяха изтощени и износени.

Y había una razón: habían recorrido dos mil quinientas millas.

И имаше причина — бяха изминали двеста и петстотин мили.

Habían descansado sólo cinco días durante las últimas mil ochocientas millas.

Бяха си починали само пет дни през последните хиляда и осемстотин мили.

Cuando llegaron a Skaguay, parecían apenas capaces de mantenerse en pie.

Когато стигнаха до Скагуей, те изглеждаха едва способни да стоят прави.

Se esforzaron por mantener las riendas tensas y permanecer delante del trineo.

Те се мъчеха да държат юздите здраво и да останат пред шейната.

En las bajadas sólo lograron evitar ser atropellados.

По спускащите се склонове те успяваха само да избегнат да бъдат прегазени.

"Sigan adelante, pobres pies doloridos", dijo el conductor mientras cojeaban.

„Маршвайте напред, горките ви крака с болки в краката“, каза шофьорът, докато куцаха напред.

"Este es el último tramo, luego todos tendremos un largo descanso, seguro".

„Това е последният участък, след което всички ще си починем по една дълга почивка, със сигурност.“

"Un descanso verdaderamente largo", prometió mientras los observaba tambalearse hacia adelante.

„Една наистина дълга почивка“, обеща той, докато ги наблюдаваше как се олюляват напред.

Los conductores esperaban que ahora tuvieran un descanso largo y necesario.

Шофьорите очакваха, че сега ще получат дълга и необходима почивка.

Habían recorrido mil doscientas millas con sólo dos días de descanso.

Бяха изминали хиляда и двеста мили само с два дни почивка.

Por justicia y razón, sintieron que se habían ganado tiempo para relajarse.

Справедливостта и разумът бяха достатъчни, за да смятат, че са си заслужили време за почивка.

Pero eran demasiados los que habían llegado al Klondike y muy pocos los que se habían quedado en casa.

Но твърде много бяха дошли в Клондайк и твърде малко бяха останали вкъщи.

Las cartas de las familias llegaron en masa, creando montañas de correo retrasado.

Писма от семейства заливаха, създавайки купища закъсняла поща.

Llegaron órdenes oficiales: nuevos perros de la Bahía de Hudson tomarían el control.

Пристигнаха официални заповеди — нови кучета от залива Хъдсън щяха да поемат контрола.

Los perros exhaustos, ahora llamados inútiles, debían ser eliminados.

Изтощените кучета, вече наричани безполезни, трябвало да бъдат унищожени.

Como el dinero importaba más que los perros, los iban a vender a bajo precio.

Тъй като парите имаха по-голямо значение от кучетата, те щяха да бъдат продадени евтино.

Pasaron tres días más antes de que los perros sintieran lo débiles que estaban.

Минаха още три дни, преди кучетата да усетят колко са слаби.

En la cuarta mañana, dos hombres de Estados Unidos compraron todo el equipo.

На четвъртата сутрин двама мъже от Щатите купиха целия отбор.

La venta incluía todos los perros, además de sus arneses usados.

Продажбата включваше всички кучета, плюс износената им екипировка за хамути.

Los hombres se llamaban entre sí "Hal" y "Charles" mientras completaban el trato.

Мъжете се наричаха един друг „Хал" и „Чарлз", докато сключваха сделката.

Charles era un hombre de mediana edad, pálido, con labios flácidos y puntas de bigote feroces.

Чарлз беше на средна възраст, блед, с отпуснати устни и буйни върхове на мустаци.

Hal era un hombre joven, de unos diecinueve años, que llevaba un cinturón lleno de cartuchos.

Хал беше млад мъж, може би деветнадесетгодишен, носещ колан с патрони.

El cinturón contenía un gran revólver y un cuchillo de caza, ambos sin usar.

На колана имаше голям револвер и ловджийски нож, и двата неизползвани.

Esto demostró lo inexperto e inadecuado que era para la vida en el norte.

Това показваше колко неопитен и негоден е бил за северния живот.

Ninguno de los dos pertenecía a la naturaleza; su presencia desafiaba toda razón.

Нито един от двамата не принадлежеше към дивата природа; присъствието им не се поддаваше на всякакъв разум.

Buck observó cómo el dinero intercambiaba manos entre el comprador y el agente.

Бък наблюдаваше как парите се разменят между купувач и агент.

Sabía que los conductores de trenes correos abandonaban su vida como el resto.

Той знаеше, че машинистите на пощенските влакове напускат живота му като всички останали.

Siguieron a Perrault y a François, ahora desaparecidos sin posibilidad de recuperación.

Те последваха Перо и Франсоа, вече изчезнали от паметта им.

Buck y el equipo fueron conducidos al descuidado campamento de sus nuevos dueños.

Бък и екипът бяха отведени до небрежния лагер на новите им собственици.

La tienda se hundía, los platos estaban sucios y todo estaba desordenado.

Палатката беше провиснала, чиниите бяха мръсни и всичко лежеше в безпорядък.

Buck también notó que había una mujer allí: Mercedes, la esposa de Charles y hermana de Hal.

Бък забеляза и жена там — Мерседес, съпругата на Чарлз и сестрата на Хал.

Formaban una familia completa, aunque no eran aptos para el recorrido.

Те бяха пълноценно семейство, макар и далеч неподходящо за пътеката.

Buck observó nervioso cómo el trío comenzó a empacar los suministros.

Бък наблюдаваше нервно как триото започва да опакова провизиите.

Trabajaron duro, pero sin orden: sólo alboroto y esfuerzos desperdiciados.

Работеха усилено, но без ред — само суета и пропилени усилия.

La tienda estaba enrollada hasta formar un volumen demasiado grande para el trineo.

Палатката беше навита в обемиста форма, твърде голяма за шейната.

Los platos sucios se empaquetaron sin limpiarlos ni secarlos.

Мръсните чинии бяха опаковани, без изобщо да бъдат почистени или подсушени.

Mercedes revoloteaba por todos lados, hablando, corrigiendo y entrometiéndose constantemente.

Мерседес се суетеше наоколо, непрекъснато говореше, поправяше и се месеше.

Cuando le ponían un saco en el frente, ella insistía en que lo pusieran en la parte de atrás.

Когато отпред сложиха чувал, тя настоя да го сложат и отзад.

Metió la bolsa en el fondo y al siguiente momento la necesitó.

Тя прибра чувала на дъното и в следващия момент ѝ потрябваше.

De esta manera, el trineo fue desempaquetado nuevamente para alcanzar la bolsa específica.

И така, шейната беше разопакована отново, за да стигне до една-единствена чанта.

Cerca de allí, tres hombres estaban parados afuera de una tienda de campaña, observando cómo se desarrollaba la escena.

Наблизо трима мъже стояха пред палатка и наблюдаваха разгръщащата се сцена.

Sonrieron, guiñaron el ojo y sonrieron ante la evidente confusión de los recién llegados.

Те се усмихнаха, намигнаха и се ухилиха на очевидното объркване на новодошлите.

"Ya tienes una carga bastante pesada", dijo uno de los hombres.

— Вече имаш доста тежък товар — каза един от мъжете.

"No creo que debas llevar esa tienda de campaña, pero es tu elección".

„Не мисля, че трябва да носиш тази палатка, но това е твой избор."

"¡Inimaginable!", exclamó Mercedes levantando las manos con desesperación.

„Несъзнаваемо!" – извика Мерседес и вдигна отчаяно ръце.

"¿Cómo podría viajar sin una tienda de campaña donde refugiarme?"

„Как бих могъл да пътувам без палатка, под която да спя?"

"Es primavera, ya no volverás a ver el frío", respondió el hombre.

„Пролет е — няма да видиш отново студено време", отвърна мъжът.

Pero ella meneó la cabeza y ellos siguieron apilando objetos en el trineo.

Но тя поклати глава, а те продължиха да трупат предмети върху шейната.

La carga se elevó peligrosamente a medida que añadían los últimos elementos.

Товарът се извисяваше опасно високо, докато добавяха последните неща.

"¿Crees que el trineo se deslizará?" preguntó uno de los hombres con mirada escéptica.

— Мислиш ли, че шейната ще се движи? — попита един от мъжете със скептичен поглед.

"¿Por qué no debería?", replicó Charles con gran fastidio.

— Защо не? — отвърна сопнато Чарлз с остро
раздразнение.

—Está bien —dijo rápidamente el hombre, alejándose un
poco de la ofensa.

— О, всичко е наред — каза бързо мъжът, отдръпвайки се
от обидата.

"Solo me preguntaba, me pareció que tenía la parte superior
demasiado pesada".

„Просто се чудех — на мен ми се стори малко прекалено
тежко отгоре."

Charles se dio la vuelta y ató la carga lo mejor que pudo.

Чарлз се обърна и завърза товара, колкото можеше по-
добре.

Pero las ataduras estaban sueltas y el embalaje en general
estaba mal hecho.

Но въжетата бяха хлабави и опаковането като цяло беше
лошо направено.

"Claro, los perros tirarán de eso todo el día", dijo otro
hombre con sarcasmo.

„Разбира се, кучетата ще дърпат това цял ден", каза
саркастично друг мъж.

—Por supuesto —respondió Hal con frialdad, agarrando el
largo palo del trineo.

— Разбира се — отвърна студено Хал и сграбчи дългия
прът за впрягване на шейната.

Con una mano en el poste, blandía el látigo con la otra.

С едната си ръка на пръта, той замахна с камшика в
другата.

"¡Vamos!", gritó. "¡Muévanse!", instando a los perros a
empezar.

„Хайде да тръгваме ", извика той. „„Дръпнете се!",
подканяйки кучетата да тръгнат.

Los perros se inclinaron hacia el arnés y se tensaron durante
unos instantes.

Кучетата се наведоха в хамута и се напрягаха няколко
мига.

Entonces se detuvieron, incapaces de mover ni un centímetro el trineo sobrecargado.

После спряха, неспособни да помръднат претоварената шейна и сантиметър.

—¡Esos brutos perezosos! —gritó Hal, levantando el látigo para golpearlos.

„Мързеливите зверове!" – извика Хал и вдигна камшика, за да ги удари.

Pero Mercedes entró corriendo y le arrebató el látigo de las manos a Hal.

Но Мерседес се втурна и грабна камшика от ръцете на Хал.

—Oh, Hal, no te atrevas a hacerles daño —gritó alarmada.

— О, Хал, не смей да ги нараниш — извика тя разтревожено.

"Prométeme que serás amable con ellos o no daré un paso más".

„Обещай ми, че ще бъдеш мил с тях, иначе няма да направя нито крачка повече."

—No sabes nada de perros —le espetó Hal a su hermana.

— Ти не разбираш нищо от кучета — сопна се Хал на сестра си.

"Son perezosos y la única forma de moverlos es azotándolos".

„Те са мързеливи и единственият начин да ги преместиш е да ги биеш с камшик."

"Pregúntale a cualquiera, pregúntale a uno de esos hombres de allí si dudas de mí".

„Попитай когото и да е — попитай някой от онези мъже там, ако се съмняваш в мен."

Mercedes miró a los espectadores con ojos suplicantes y llorosos.

Мерседес погледна минувачите с умоляващи, насълзени очи.

Su rostro mostraba lo profundamente que odiaba ver cualquier dolor.

Лицето й показваше колко дълбоко мрази гледката на каквато и да е болка.

"Están débiles, eso es todo", dijo un hombre. "Están agotados".

„Слаби са, това е всичко", каза един мъж. „Изтощени са."

"Necesitan descansar, han trabajado demasiado tiempo sin descansar".

„Те имат нужда от почивка — работили са твърде дълго без почивка."

—Maldito sea el resto —murmuró Hal con el labio curvado.

— Проклет да е останалото — промърмори Хал със свита устна.

Mercedes jadeó, visiblemente dolida por la grosera palabra que pronunció.

Мерседес ахна, очевидно наранена от грубата дума от негова страна.

Aún así, ella se mantuvo leal y defendió instantáneamente a su hermano.

Въпреки това, тя остана лоялна и веднага защити брат си.

—No le hagas caso a ese hombre —le dijo a Hal—. Son nuestros perros.

— Не обръщай внимание на този човек — каза тя на Хал.
— Това са нашите кучета.

"Los conduces como mejor te parezca, haz lo que creas correcto".

„Караш ги както намериш за добре — прави това, което смяташ за правилно."

Hal levantó el látigo y volvió a golpear a los perros sin piedad.

Хал вдигна камшика и отново удари кучетата безмилостно.

Se lanzaron hacia adelante, con el cuerpo agachado y los pies hundidos en la nieve.

Те се хвърлиха напред, телата им бяха ниско приведени, краката им забиха в снега.

Ponían toda su fuerza en tirar, pero el trineo no se movía.

Цялата им сила беше вложена в дърпането, но шейната не се движеше.

El trineo quedó atascado, como un ancla congelada en la nieve compacta.

Шейната остана заседнала като котва, замръзнала в утъпкания сняг.

Tras un segundo esfuerzo, los perros se detuvieron de nuevo, jadeando con fuerza.

След втори опит кучетата отново спряха, задъхани тежко.

Hal levantó el látigo una vez más, justo cuando Mercedes interfirió nuevamente.

Хал вдигна камшика още веднъж, точно когато Мерседес отново се намеси.

Ella cayó de rodillas frente a Buck y abrazó su cuello.

Тя падна на колене пред Бък и го прегърна през врата.

Las lágrimas llenaron sus ojos mientras le suplicaba al perro exhausto.

Сълзи напълниха очите й, докато умоляваше изтощеното куче.

"Pobres queridos", dijo, "¿por qué no tiran más fuerte?"

„Горките ми момичета", каза тя, „защо просто не дърпате по-силно?"

"Si tiras, no te azotarán así".

„Ако дърпаш, няма да те бият така."

A Buck no le gustaba Mercedes, pero estaba demasiado cansado para resistirse a ella ahora.

Бък не харесваше Мерседес, но беше твърде уморен, за да й се съпротивлява сега.

Él aceptó sus lágrimas como una parte más de ese día miserable.

Той прие сълзите й просто като още една част от нещастния ден.

Uno de los hombres que observaban finalmente habló después de contener su ira.

Един от наблюдаващите мъже най-накрая проговори, след като сдържа гнева си.

"No me importa lo que les pase a ustedes, pero esos perros importan".

„Не ме интересува какво ще се случи с вас, хора, но тези кучета са важни."

"Si quieres ayudar, suelta ese trineo: está congelado hasta la nieve".

„Ако искаш да помогнеш, скъсай шейната — замръзнала е до снега."

"Presiona con fuerza el polo G, derecha e izquierda, y rompe el sello de hielo".

„Натисни силно пръта, надясно и наляво, и счупи ледения печат."

Se hizo un tercer intento, esta vez siguiendo la sugerencia del hombre.

Направен е трети слит, този път по предложение на мъжа.

Hal balanceó el trineo de un lado a otro, soltando los patines.

Хал разклати шейната от едната страна на другата, освобождавайки плъзгачите.

El trineo, aunque sobrecargado y torpe, finalmente avanzó con dificultad.

Шейната, макар и претоварена и тромава, най-накрая се залюля напред.

Buck y los demás tiraron salvajemente, impulsados por una tormenta de latigazos.

Бък и останалите дърпаха бясно, подтиквани от порой от камшични удари.

Cien metros más adelante, el sendero se curvaba y descendía hacia la calle.

На стотина метра напред пътеката се извиваше и слизаше наклонено към улицата.

Se hubiera necesitado un conductor habilidoso para mantener el trineo en posición vertical.

Щеше да е нужен умел шофьор, за да държи шейната изправена.

Hal no era hábil y el trineo se volcó al girar en la curva.

Хал не беше умел и шейната се преобърна, докато се завърташе зад завоя.

Las ataduras sueltas cedieron y la mitad de la carga se derramó sobre la nieve.

Разхлабените въжета се скъсаха и половината товар се изсипа върху снега.

Los perros no se detuvieron; el trineo, más ligero, siguió volando de lado.

Кучетата не спряха; по-леката шейна полетя настрани.

Enojados por el abuso y la pesada carga, los perros corrieron más rápido.

Ядосани от малтретирането и тежкото бреме, кучетата хукнаха да бягат по-бързо.

Buck, furioso, echó a correr, con el equipo siguiéndolo detrás.

Бък, разярен, се втурна да бяга, а впрягът го следваше.

Hal gritó "¡Guau! ¡Guau!", pero el equipo no le hizo caso.

Хал извика „Уау! Уай!", но екипът не му обърна внимание.

Tropezó, cayó y fue arrastrado por el suelo por el arnés.

Той се спъна, падна и беше влачен по земята от сбруята.

El trineo volcado saltó sobre él mientras los perros corrían delante.

Преобърнатата шейна го прегази, докато кучетата препускаха напред.

El resto de los suministros se dispersaron por la concurrida calle de Skaguay.

Останалите провизии се разпръснаха по оживената улица на Скагуей.

La gente bondadosa se apresuró a detener a los perros y recoger el equipo.

Добросърдечни хора се втурнаха да спрат кучетата и да съберат екипировката.

También dieron consejos, contundentes y prácticos, a los nuevos viajeros.

Те също така дадоха съвети, директни и практични, на новите пътешественици.

"Si quieres llegar a Dawson, lleva la mitad de la carga y el doble de perros".

„Ако искаш да стигнеш до Доусън, вземи половината товар и удвои кучетата."

Hal, Charles y Mercedes escucharon, aunque no con entusiasmo.

Хал, Чарлз и Мерседес слушаха, макар и не с ентусиазъм.

Instalaron su tienda de campaña y comenzaron a clasificar sus suministros.

Те опънаха палатката си и започнаха да сортират провизиите си.

Salieron alimentos enlatados, lo que hizo reír a carcajadas a los espectadores.

Излязоха консервирани продукти, което накара минувачите да се смеят на глас.

"¿Enlatado en el camino? Te morirás de hambre antes de que se derrita", dijo uno.

„Консерви по пътеката? Ще умреш от глад, преди да се разтопят", каза единият.

¿Mantas de hotel? Mejor tíralas todas.

„Хотелски одеяла? По-добре е да ги изхвърлите всичките."

"Si también deshazte de la tienda de campaña, aquí nadie lava los platos".

„Зарежи и палатката, и никой няма да мие чинии тук."

¿Crees que estás viajando en un tren Pullman con sirvientes a bordo?

„Мислите, че се возите във влак „Пулман" със слуги на борда?"

El proceso comenzó: todos los objetos inútiles fueron arrojados a un lado.

Процесът започна — всеки безполезен предмет беше изхвърлен настрани.

Mercedes lloró cuando sus maletas fueron vaciadas en el suelo nevado.

Мерседес се разплака, когато багажът ѝ беше изпразнен върху заснежената земя.

Ella sollozaba por cada objeto que tiraba, uno por uno, sin pausa.

Тя ридаеше над всеки изхвърлен предмет, един по един, без да спира.

Ella juró no dar un paso más, ni siquiera por diez Charleses.

Тя се закле да не прави нито крачка повече — дори за десет Чарлза.

Ella le rogó a cada persona cercana que le permitiera conservar sus cosas preciosas.

Тя умоляваше всеки човек наблизо да й позволи да запази ценните си вещи.

Por último, se secó los ojos y comenzó a arrojar incluso la ropa más importante.

Накрая тя избърса очите си и започна да хвърля дори най-важните дрехи.

Cuando terminó con los suyos, comenzó a vaciar los suministros de los hombres.

Когато приключи със своите, тя започна да изпразва запасите на мъжете.

Como un torbellino, destrozó las pertenencias de Charles y Hal.

Като вихрушка тя разкъса вещите на Чарлз и Хал.

Aunque la carga se redujo a la mitad, todavía era mucho más pesada de lo necesario.

Въпреки че товарът беше намален наполовина, той все още беше много по-тежък от необходимото.

Esa noche, Charles y Hal salieron y compraron seis perros nuevos.

Същата вечер Чарлз и Хал излязоха и купиха шест нови кучета.

Estos nuevos perros se unieron a los seis originales, además de Teek y Koona.

Тези нови кучета се присъединиха към първоначалните шест, плюс Тийк и Куна.

Juntos formaron un equipo de catorce perros enganchados al trineo.

Заедно те образуваха впряг от четиринадесет кучета, впрегнати в шейната.

Pero los nuevos perros no eran aptos y estaban mal entrenados para el trabajo con trineos.

Но новите кучета бяха негодни и лошо обучени за работа с шейна.

Tres de los perros eran pointers de pelo corto y uno era un Terranova.

Три от кучетата бяха късокосмести пойнтерки, а едно беше нюфаундленд.

Los dos últimos perros eran mestizos, sin ninguna raza ni propósito claros.

Последните две кучета бяха песове без ясна порода или предназначение.

No entendieron el camino y no lo aprendieron rápidamente.

Те не разбираха пътеката и не я научиха бързо.

Buck y sus compañeros los miraron con desprecio y profunda irritación.

Бък и приятелите му ги наблюдаваха с презрение и дълбоко раздразнение.

Aunque Buck les enseñó lo que no debían hacer, no podía enseñarles cuál era el deber.

Въпреки че Бък ги учеше какво да не правят, той не можеше да ги учи на дълг.

No se adaptaron bien a la vida en senderos ni al tirón de las riendas y los trineos.

Те не понасяха добре теглението на влачени тегления или теглението на юзди и шейни.

Sólo los mestizos intentaron adaptarse, e incluso a ellos les faltó espíritu de lucha.

Само мелезите се опитаха да се адаптират, но дори и на тях им липсваше боен дух.

Los demás perros estaban confundidos, debilitados y destrozados por su nueva vida.

Другите кучета бяха объркани, отслабени и съсипани от новия си живот.

Con los nuevos perros desorientados y los viejos exhaustos, la esperanza era escasa.

С новите кучета безпомощни и старите изтощени, надеждата беше слаба.

El equipo de Buck había recorrido dos mil quinientas millas de senderos difíciles.

Екипът на Бък беше изминал двеста и петстотин мили по суров път.

Aún así, los dos hombres estaban alegres y orgullosos de su gran equipo de perros.

Въпреки това двамата мъже бяха весели и горди с големия си кучешки впряг.

Creían que viajaban con estilo, con catorce perros enganchados.

Те си мислеха, че пътуват със стил, с четиринадесет вързани кучета.

Habían visto trineos partir hacia Dawson y otros llegar desde allí.

Бяха видели шейни да тръгват за Доусън, а други да пристигат оттам.

Pero nunca habían visto uno tirado por tantos catorce perros.

Но никога не бяха виждали такова, теглено от четиринадесет кучета.

Había una razón por la que equipos como ese eran raros en el desierto del Ártico.

Имаше причина подобни екипи да са рядкост в арктическата пустош.

Ningún trineo podría transportar suficiente comida para alimentar a catorce perros durante el viaje.

Никаква шейна не би могла да превози достатъчно храна, за да нахрани четиринадесет кучета за пътуването.

Pero Charles y Hal no lo sabían: habían hecho los cálculos.

Но Чарлз и Хал не знаеха това — те бяха направили сметките.

Planificaron la comida: tanta cantidad por perro, tantos días, y listo.

Те начертаха храната: толкова на куче, толкова дни, готово.

Mercedes miró sus figuras y asintió como si tuviera sentido.

Мерседес погледна цифрите им и кимна, сякаш имаше смисъл.

Todo le parecía muy sencillo, al menos en el papel.

Всичко й се струваше много просто, поне на хартия.

A la mañana siguiente, Buck guió al equipo lentamente por la calle nevada.

На следващата сутрин Бък бавно поведе впряга по заснежената улица.

No había energía ni espíritu en él ni en los perros detrás de él.

Нямаше нито енергия, нито дух нито в него, нито в кучетата зад него.

Estaban muertos de cansancio desde el principio: no les quedaban reservas.

Бяха смъртно уморени от самото начало — нямаше никакъв резерв.

Buck ya había hecho cuatro viajes entre Salt Water y Dawson.

Бък вече беше направил четири пътувания между Солт Уотър и Доусън.

Ahora, enfrentado nuevamente el mismo desafío, no sentía nada más que amargura.

Сега, изправен отново пред същия път, той не чувстваше нищо друго освен горчивина.

Su corazón no estaba en ello, ni tampoco el corazón de los otros perros.

Неговото сърце не беше в това, нито пък сърцата на другите кучета.

Los nuevos perros eran tímidos y los huskies carecían de confianza.

Новите кучета бяха плахи, а хъскитата им липсваше всякакво доверие.

Buck sintió que no podía confiar en estos dos hombres ni en su hermana.

Бък усещаше, че не може да разчита на тези двама мъже или на сестра им.

No sabían nada y no mostraron señales de aprender en el camino.

Те не знаеха нищо и не показваха никакви признаци, че се учат по пътеката.

Estaban desorganizados y carecían de cualquier sentido de disciplina.

Те бяха неорганизирани и им липсваше всякакво чувство за дисциплина.

Les tomó media noche montar un campamento descuidado cada vez.

Всеки път им отнемаше половин нощ, за да разпънат небрежния лагер.

Y la mitad de la mañana siguiente la pasaron otra vez jugueteando con el trineo.

И половината от следващата сутрин отново прекараха в игра с шейната.

Al mediodía, a menudo se detenían simplemente para arreglar la carga desigual.

Към обяд те често спираха само за да оправят неравномерния товар.

Algunos días, viajaron menos de diez millas en total.

В някои дни те изминаваха общо по-малко от десет мили.

Otros días ni siquiera conseguían salir del campamento.

В други дни изобщо не успяваха да напуснат лагера.

Nunca llegaron a cubrir la distancia alimentaria planificada.

Те така и не се доближиха до покриването на планираното разстояние за храна.

Como era de esperar, muy rápidamente se quedaron sin comida para los perros.

Както се очакваше, храната за кучетата им свърши много бързо.

Empeoró las cosas sobrealimentándolos en los primeros días.

Те влошиха нещата, като прехранваха в началото.

Esto acercaba la hambruna con cada ración descuidada.

Това приближаваше глада с всяка небрежна дажба.

Los nuevos perros no habían aprendido a sobrevivir con muy poco.

Новите кучета не се бяха научили да оцеляват с много малко храна.

Comieron con hambre, con apetitos demasiado grandes para el camino.

Те ядяха гладно, с апетит, твърде голям за пътеката.

Al ver que los perros se debilitaban, Hal creyó que la comida no era suficiente.

Виждайки как кучетата отслабват, Хал повярва, че храната не е достатъчна.

Duplicó las raciones, empeorando aún más el error.

Той удвои дажбите, с което направи грешката още по-лоша.

Mercedes añadió más problemas con lágrimas y suaves súplicas.

Мерседес допълнително задълбочи проблема със сълзи и тихи молби.

Cuando no pudo convencer a Hal, alimentó a los perros en secreto.

Когато не успя да убеди Хал, тя тайно нахрани кучетата.

Ella robó de los sacos de pescado y se lo dio a sus espaldas.

Тя открадна от чувалите с риба и им я даде зад гърба му.

Pero lo que los perros realmente necesitaban no era más comida: era descanso.

Но това, от което кучетата наистина се нуждаеха, не беше повече храна, а почивка.

Iban a poca velocidad, pero el pesado trineo aún seguía avanzando.

Движеха се слабо, но тежката шейна все още се влачеше.

Ese peso solo les quitaba las fuerzas que les quedaban cada día.

Само тази тежест изтощаваше останалите им сили всеки ден.

Luego vino la etapa de desalimentación ya que los suministros escasearon.

След това дойде етапът на недохранване, тъй като запасите свършиха.

Una mañana, Hal se dio cuenta de que la mitad de la comida para perros ya había desaparecido.

Една сутрин Хал осъзна, че половината кучешка храна вече е свършила.

Sólo habían recorrido una cuarta parte de la distancia total del recorrido.

Бяха изминали само една четвърт от общото разстояние на пътеката.

No se podía comprar más comida por ningún precio que se ofreciera.

Не можеше да се купи повече храна, независимо каква цена се предлагаше.

Redujo las raciones de los perros por debajo de la ración diaria estándar.

Той намали порциите на кучетата под стандартната дневна дажба.

Al mismo tiempo, exigió viajes más largos para compensar las pérdidas.

В същото време той поиска по-дълго пътуване, за да компенсира загубата.

Mercedes y Carlos apoyaron este plan, pero fracasaron en su ejecución.

Мерседес и Шарл подкрепиха този план, но не успяха да го изпълнят.

Su pesado trineo y su falta de habilidad hicieron que el avance fuera casi imposible.

Тежката им шейна и липсата на умения правеха напредъка почти невъзможен.

Era fácil dar menos comida, pero imposible forzar más esfuerzo.

Беше лесно да се даде по-малко храна, но невъзможно да се наложи да се положат повече усилия.

No podían salir temprano ni tampoco viajar horas extras.

Не можеха да започнат рано, нито пък можеха да пътуват за допълнителни часове.

No sabían cómo trabajar con los perros, ni tampoco ellos mismos.

Те не знаеха как да работят с кучетата, нито пък със самите себе си, впрочем.

El primer perro que murió fue Dub, el desafortunado pero trabajador ladrón.

Първото куче, което умря, беше Дъб, нещастният, но трудолюбив крадец.

Aunque a menudo lo castigaban, Dub había hecho su parte sin quejarse.

Въпреки че често беше наказван, Дъб се справяше с тежестта си без оплаквания.

Su hombro lesionado empeoró sin cuidados ni necesidad de descanso.

Контузеното му рамо се влошаваше без грижи или нужда от почивка.

Finalmente, Hal usó el revólver para acabar con el sufrimiento de Dub.

Накрая Хал използва револвера, за да сложи край на страданията на Дъб.

Un dicho común afirma que los perros normales mueren con raciones para perros esquimales.

Една често срещана поговорка гласи, че нормалните кучета умират от дажби на хъски.

Los seis nuevos compañeros de Buck tenían sólo la mitad de la porción de comida del husky.

Шестимата нови спътници на Бък имаха само половината от храната, която хъскито получаваше.

Primero murió el Terranova y después los tres bracos de pelo corto.

Нюфаундлендът умря първи, след това трите късокосмести пойнтерки.

Los dos mestizos resistieron más tiempo pero finalmente perecieron como el resto.

Двете мелези се задържаха по-дълго, но накрая загинаха като останалите.

Para entonces, todas las comodidades y la dulzura de Southland habían desaparecido.

По това време всички удобства и нежност на Южната земя бяха изчезнали.

Las tres personas habían perdido los últimos vestigios de su educación civilizada.

Тримата души бяха се отървали от последните следи от цивилизованото си възпитание.

Despojado de glamour y romance, el viaje al Ártico se volvió brutalmente real.

Лишено от блясък и романтика, арктическото пътуване стана брутално реално.

Era una realidad demasiado dura para su sentido de masculinidad y feminidad.

Това беше реалност, твърде сурова за тяхното чувство за мъжественост и женственост.

Mercedes ya no lloraba por los perros, ahora lloraba sólo por ella misma.

Мерседес вече не плачеше за кучетата, а сега плачеше само за себе си.

Pasó su tiempo llorando y peleando con Hal y Charles.

Тя прекарваше времето си в плач и кавги с Хал и Чарлз.

Pelear era lo único que nunca estaban demasiado cansados para hacer.

Караниците бяха единственото нещо, за което никога не се уморяваха.

Su irritabilidad surgió de la miseria, creció con ella y la superó.

Раздразнителността им идваше от нещастието, нарастваше заедно с него и го надминаваше.

La paciencia del camino, conocida por quienes trabajan y sufren con bondad, nunca llegó.

Търпението на пътя, познато на онези, които се трудят и страдат с доброта, никога не дойде.

Esa paciencia que conserva dulce la palabra a pesar del dolor les era desconocida.

Това търпение, което запазва речта сладка въпреки болката, им беше непознато.

No tenían ni un ápice de paciencia ni la fuerza que suponía sufrir con gracia.

Те нямаха и следа от търпение, никаква сила, извлечена от страданието с благодат.

Estaban rígidos por el dolor: les dolían los músculos, los huesos y el corazón.

Те бяха сковани от болка – боляха ги мускулите, костите и сърцата.

Por eso se volvieron afilados de lengua y rápidos para usar palabras ásperas.

Поради това те станаха остри на езика си и бързи в грубите думи.

Cada día comenzaba y terminaba con voces enojadas y amargas quejas.

Всеки ден започваше и завършваше с гневни гласове и горчиви оплаквания.

Charles y Hal discutían cada vez que Mercedes les daba una oportunidad.

Чарлз и Хал се караха всеки път, когато Мерцедес им даваше шанс.

Cada hombre creía que hacía más de lo que le correspondía en el trabajo.

Всеки мъж вярваше, че е свършил повече от полагащия му се дял от работата.

Ninguno de los dos perdió la oportunidad de decirlo una y otra vez.

Нито един от двамата не пропускаше възможност да го каже, отново и отново.

A veces Mercedes se ponía del lado de Charles, a veces del lado de Hal.

Понякога Мерседес заставаше на страната на Чарлз, понякога на Хал.

Esto dio lugar a una gran e interminable disputa entre los tres.

Това доведе до голяма и безкрайна кавга между тримата.

Una disputa sobre quién debería cortar leña se salió de control.
Спорът за това кой трябва да цепи дърва за огрев излезе извън контрол.

Pronto se nombraron padres, madres, primos y parientes muertos.
Скоро бяха посочени имената на бащи, майки, братовчеди и починали роднини.

Las opiniones de Hal sobre el arte o las obras de su tío se convirtieron en parte de la pelea.
Възгледите на Хал за изкуството или пиесите на чичо му станаха част от борбата.

Las creencias políticas de Charles también entraron en el debate.
Политическите убеждения на Чарлз също бяха включени в дебата.

Para Mercedes, incluso los chismes de la hermana de su marido parecían relevantes.
За Мерседес дори клюките на сестрата на съпруга ѝ изглеждаха уместни.

Ella expresó sus opiniones sobre eso y sobre muchos de los defectos de la familia de Charles.
Тя изрази мнение по този въпрос, както и по много от недостатъците на семейството на Чарлз.

Mientras discutían, el fuego permaneció apagado y el campamento medio montado.
Докато спореха, огънят остана незапален, а лагерът наполовина изгорен.

Mientras tanto, los perros permanecieron fríos y sin comida.
Междувременно кучетата останаха премръзнали и без никаква храна.

Mercedes tenía un motivo de queja que consideraba profundamente personal.
Мерседес таеше оплакване, което смяташе за дълбоко лично.

Se sintió maltratada como mujer, negándole sus privilegios de gentileza.

Тя се чувстваше малтретирана като жена, лишена от привилегиите си за благородни качества.

Ella era bonita y dulce, y acostumbrada a la caballerosidad toda su vida.

Тя беше красива и нежна и свикнала с рицарство през целия си живот.

Pero su marido y su hermano ahora la trataban con impaciencia.

Но съпругът й и брат й сега се отнасяха с нетърпение към нея.

Su costumbre era actuar con impotencia y comenzaron a quejarse.

Тя имаше навик да се държи безпомощно и те започнаха да се оплакват.

Ofendida por esto, les hizo la vida aún más difícil.

Обидена от това, тя направи живота им още по-труден.

Ella ignoró a los perros e insistió en montar ella misma el trineo.

Тя игнорира кучетата и настоя сама да се качи на шейната.

Aunque parecía ligera de aspecto, pesaba ciento veinte libras.

Въпреки че изглеждаше лека, тя тежеше сто и двадесет килограма.

Esa carga adicional era demasiado para los perros hambrientos y débiles.

Това допълнително бреме беше твърде голямо за гладуващите, слаби кучета.

Aún así, ella cabalgó durante días, hasta que los perros se desplomaron en las riendas.

Въпреки това тя яздеше дни наред, докато кучетата не се сринаха под юздите.

El trineo se detuvo y Charles y Hal le rogaron que caminara.

Шейната спря неподвижно, а Чарлз и Хал я помолиха да върви пеша.

Ellos suplicaron y rogaron, pero ella lloró y los llamó crueles.

Те я умоляваха и молеха, но тя плачеше и ги наричаше жестоки.

En una ocasión la sacaron del trineo con pura fuerza y enojo.

Веднъж те я издърпали от шейната с чиста сила и гняв.

Nunca volvieron a intentarlo después de lo que pasó aquella vez.

Те никога повече не опитаха след случилото се тогава.

Ella se quedó flácida como un niño mimado y se sentó en la nieve.

Тя се отпусна като разглезено дете и седна в снега.

Ellos siguieron adelante, pero ella se negó a levantarse o seguirlos.

Те продължиха, но тя отказа да стане или да ги последва.

Después de tres millas, se detuvieron, regresaron y la llevaron de regreso.

След три мили те спряха, върнаха се и я отнесоха обратно.

La volvieron a cargar en el trineo, nuevamente usando la fuerza bruta.

Те я претовариха на шейната, отново използвайки груба сила.

En su profunda miseria, fueron insensibles al sufrimiento de los perros.

В дълбоката си мизерия те бяха безчувствени към страданието на кучетата.

Hal creía que uno debía endurecerse y forzar esa creencia a los demás.

Хал вярваше, че човек трябва да се закоравее и налагаше това убеждение на другите.

Primero intentó predicar su filosofía a su hermana.

Първоначално се опитал да проповядва философията си на сестра си

y luego, sin éxito, le predicó a su cuñado.

и след това, без успех, той проповядвал на зет си.

Tuvo más éxito con los perros, pero sólo porque los lastimaba.

Той имаше по-голям успех с кучетата, но само защото ги нараняваше.

En Five Fingers, la comida para perros se quedó
completamente sin comida.

Във Five Fingers храната за кучета свърши напълно.

Una vieja india desdentada vendió unas cuantas libras de
cuero de caballo congelado

Една беззъба стара индианка продаде няколко килограма
замразена конска кожа

Hal cambió su revólver por la piel de caballo seca.

Хал размени револвера си за изсушената конска кожа.

La carne había procedido de caballos hambrientos de
ganaderos meses antes.

Месото беше дошло от гладни коне на говедари месеци
по-рано.

Congelada, la piel era como hierro galvanizado: dura y
incomestible.

Замръзнала, кожата беше като поцинковано желязо;
жилава и негодна за консумация.

Los perros tenían que masticar sin parar la piel para poder
comérsela.

Кучетата трябваше безкрайно да дъвчат кожата, за да я
изядат.

Pero las cuerdas correosas y el pelo corto no constituían
apenas alimento.

Но кожестите кичури и късата коса едва ли бяха храна.

La mayor parte de la piel era irritante y no era alimento en
ningún sentido estricto.

По-голямата част от кожата беше дразнеща и не беше
храна в истинския смисъл на думата.

Y durante todo ese tiempo, Buck se tambaleaba al frente,
como en una pesadilla.

И през всичко това Бък се олюляваше отпред, като в
кошмар.

Tiraba cuando podía, y cuando no, se quedaba tendido hasta
que un látigo o un garrote lo levantaban.

Дърпаше, когато можеше; когато не можеше, лежеше,
докато камшик или тояга не го повдигнат.

Su fino y brillante pelaje había perdido toda la rigidez y brillo que alguna vez tuvo.

Фината му, лъскава козина беше загубила всякаква твърдост и блясък, които някога имаше.

Su cabello colgaba lacio, enmarañado y cubierto de sangre seca por los golpes.

Косата му висеше отпусната, разрошена и съсирена от засъхнала кръв от ударите.

Sus músculos se encogieron hasta convertirse en cuerdas y sus almohadillas de carne estaban todas desgastadas.

Мускулите му се свиха на жила, а плътта му беше износена.

Cada costilla, cada hueso se veía claramente a través de los pliegues de la piel arrugada.

Всяко ребро, всяка кост се виждаше ясно през гънките на набръчкана кожа.

Fue desgarrador, pero el corazón de Buck no podía romperse.

Беше сърцераздирателно, но сърцето на Бък не можеше да се разбие.

El hombre del suéter rojo lo había probado y demostrado hacía mucho tiempo.

Мъжът с червения пуловер го беше изпробвал и доказал отдавна.

Tal como sucedió con Buck, sucedió con el resto de sus compañeros de equipo.

Както беше с Бък, така беше и с всичките му останали съотборници.

Eran siete en total, cada uno de ellos un esqueleto andante de miseria.

Бяха общо седем, всеки един от които беше ходещ скелет на мизерия.

Se habían vuelto insensibles a los latigazos y solo sentían un dolor distante.

Бяха изтръпнали от удари с камшик, усещайки само далечна болка.

Incluso la vista y el sonido les llegaban débilmente, como a través de una espesa niebla.

Дори зрението и звукът достигаха до тях слабо, сякаш през гъста мъгла.

No estaban ni medio vivos: eran huesos con tenues chispas en su interior.

Те не бяха полуживи — бяха кости с бледи искри вътре.

Al detenerse, se desplomaron como cadáveres y sus chispas casi desaparecieron.

Когато бяха спрени, те се сринаха като трупове, искрите им почти изчезнаха.

Y cuando el látigo o el garrote volvían a golpear, las chispas revoloteaban débilmente.

И когато камшикът или тоягата удариха отново, искрите прехвърчаха слабо.

Entonces se levantaron, se tambalearon hacia adelante y arrastraron sus extremidades hacia delante.

След това се изправиха, залитнаха напред и завлякоха крайниците си напред.

Un día el amable Billee se cayó y ya no pudo levantarse.

Един ден добрият Били падна и вече изобщо не можеше да се изправи.

Hal había cambiado su revólver, por lo que utilizó un hacha para matar a Billee.

Хал беше разменил револвера си, затова вместо това уби Били с брадва.

Lo golpeó en la cabeza, luego le cortó el cuerpo y se lo llevó arrastrado.

Той го удари по главата, след което разряза тялото му и го завляко.

Buck vio esto, y también los demás; sabían que la muerte estaba cerca.

Бък видя това, както и останалите; те знаеха, че смъртта е близо.

Al día siguiente Koona se fue, dejando sólo cinco perros en el equipo hambriento.

На следващия ден Куна си тръгна, оставяйки само пет кучета в гладуващия впряг.

Joe, que ya no era malo, estaba demasiado perdido como para darse cuenta de gran cosa.

Джо, вече не злобен, беше твърде напреднал, за да осъзнава каквото и да било.

Pike, que ya no fingía su lesión, estaba apenas consciente.

Пайк, вече не преструвайки се на ранения си, едва беше в съзнание.

Solleks, todavía fiel, lamentó no tener fuerzas para dar.

Солекс, все още верен, скърбеше, че няма сила, която да даде.

Teek fue el que más perdió porque estaba más fresco, pero su rendimiento se estaba agotando rápidamente.

Тийк беше най-победен, защото беше по-свеж, но бързо отслабваше.

Y Buck, todavía a la cabeza, ya no mantenía el orden ni lo hacía cumplir.

И Бък, все още начело, вече не поддържаше реда, нито го налагаше.

Medio ciego por la debilidad, Buck siguió el rastro sólo por el tacto.

Полусляп от слабост, Бък следваше следата единствено по навик.

Era un hermoso clima primaveral, pero ninguno de ellos lo notó.

Беше прекрасно пролетно време, но никой от тях не го забеляза.

Cada día el sol salía más temprano y se ponía más tarde que el anterior.

Всеки ден слънцето изгряваше по-рано и залязваше по-късно от преди.

A las tres de la mañana ya había amanecido; el crepúsculo duró hasta las nueve.

Към три часа сутринта се зазори; здрачът продължи до девет.

Los largos días estuvieron llenos del resplandor del sol primaveral.

Дългите дни бяха изпълнени с ярката пролетна слънчева светлина.

El silencio fantasmal del invierno se había transformado en un cálido murmullo.

Призрачната тишина на зимата се беше превърнала в топъл шепот.

Toda la tierra estaba despertando, viva con la alegría de los seres vivos.

Цялата земя се пробуждаше, оживяваше от радостта на живите същества.

El sonido provenía de lo que había permanecido muerto e inmóvil durante el invierno.

Звукът идваше от нещо, което беше лежало мъртво и неподвижно през зимата.

Ahora, esas cosas se movieron nuevamente, sacudiéndose el largo sueño helado.

Сега тези неща се раздвижиха отново, отърсвайки се от дългия мразовит сън.

La savia subía a través de los oscuros troncos de los pinos que esperaban.

Сок се издигаше през тъмните стволове на чакащите борове.

Los sauces y los álamos brotan brillantes y jóvenes brotes en cada ramita.

Върби и трепетлики пускат ярки млади пъпки на всяка клонка.

Los arbustos y las enredaderas se vistieron de un verde fresco a medida que el bosque cobraba vida.

Храсти и лози се раззелениха, докато горите оживяваха.

Los grillos cantaban por la noche y los insectos se arrastraban bajo el sol del día.

Щурци цвърчаха през нощта, а буболечки пълзяха под дневната светлина.

Las perdices graznaban y los pájaros carpinteros picoteaban en lo profundo de los árboles.

Яребици бучаха, а кълвачи чукаха дълбоко в дърветата.

Las ardillas parloteaban, los pájaros cantaban y los gansos graznaban al hablarles a los perros.

Катерици бъбреха, птици пееха, а гъски клатушкаха над кучетата.

Las aves silvestres llegaron en grupos afilados, volando desde el sur.

Дивите птици идваха на остри клинове, прелитайки от юг.

De cada ladera llegaba la música de arroyos ocultos y caudalosos.

От всеки хълм се чуваше музиката на скрити, бързеещи потоци.

Todas las cosas se descongelaron y se rompieron, se doblaron y volvieron a ponerse en movimiento.

Всичко се размрази, счупи се, огъна се и отново се задвижи.

El Yukón se esforzó por romper las frías cadenas del hielo congelado.

Юкон се напрягаше да разкъса студените вериги от замръзнал лед.

El hielo se derritió desde abajo, mientras que el sol lo derritió desde arriba.

Ледът се топеше отдолу, докато слънцето го топеше отгоре.

Se abrieron agujeros de aire, se abrieron grietas y algunos trozos cayeron al río.

Отвориха се въздушни отвори, пукнатини се разпространиха и парчета паднаха в реката.

En medio de toda esta vida frenética y llameante, los viajeros se tambaleaban.

Сред целия този кипящ и пламтящ живот, пътниците се олюляваха.

Dos hombres, una mujer y una jauría de perros esquimales caminaban como muertos.

Двама мъже, една жена и глутница хъскита вървяха като мъртви.

Los perros caían, Mercedes lloraba, pero seguía montando el trineo.

Кучетата падаха, Мерседес плачеше, но все пак яздеше шейната.

Hal maldijo débilmente y Charles parpadeó con los ojos llorosos.

Хал изруга слабо, а Чарлз премигна през насълзени очи.

Se toparon con el campamento de John Thornton junto a la desembocadura del río Blanco.

Те се натъкнаха на лагера на Джон Торнтън край устието на Бялата река.

Cuando se detuvieron, los perros cayeron al suelo, como si todos hubieran muerto.

Когато спряха, кучетата се отпуснаха по пода, сякаш всички бяха поразени мъртви.

Mercedes se secó las lágrimas y miró a John Thornton.

Мерседес избърса сълзите си и погледна към Джон Торнтън.

Charles se sentó en un tronco, lenta y rígidamente, dolorido por el camino.

Чарлз седеше на един дънер, бавно и сковано, болен от пътеката.

Hal habló mientras Thornton tallaba el extremo del mango de un hacha.

Хал говореше, докато Торнтън издълбаваше края на дръжката на брадва.

Él tallaba madera de abedul y respondía con respuestas breves y firmes.

Той цепеше брезова дървесина и отговаряше с кратки, твърди отговори.

Cuando se le preguntó, dio consejos, seguro de que no serían seguidos.

Когато го попитаха, той даде съвет, сигурен, че няма да бъде последван.

Hal explicó: "Nos dijeron que el hielo del sendero se estaba desprendiendo".

Хал обясни: „Казаха ни, че ледът на пътеката се топи."

Dijeron que nos quedáramos allí, pero llegamos a White River.

„Казаха, че трябва да си останем тук, но стигнахме до Уайт Ривър."

Terminó con un tono burlón, como para proclamar la victoria en medio de las dificultades.

Той завърши с подигравателен тон, сякаш претендираше за победа в трудностите.

—**Y te dijeron la verdad** —respondió John Thornton a Hal en voz baja.

— И те ти казаха истината — тихо отговори Джон Торнтън на Хал.

"El hielo puede ceder en cualquier momento; está a punto de desprenderse".

„Ледът може да се счупи всеки момент — готов е да се разпадне."

"Solo la suerte ciega y los tontos pudieron haber llegado tan lejos con vida".

„Само сляп късмет и глупаци биха могли да стигнат дотук живи."

"Te lo digo directamente: no arriesgaría mi vida ni por todo el oro de Alaska".

„Казвам ти директно, не бих рискувал живота си за цялото злато на Аляска."

—**Supongo que es porque no eres tonto** —respondió Hal.

— Предполагам, че е защото не си глупак — отвърна Хал.

—**De todos modos, seguiremos hasta Dawson.** —Desenrolló el látigo.

— Все пак ще продължим към Доусън. — Той размота камшика си.

—**¡Sube, Buck! ¡Hola! ¡Sube! ¡Vamos!** —gritó con dureza.

„Качвай се горе, Бък! Здравей! Ставай! Хайде!" – извика той грубо.

Thornton siguió tallando madera, sabiendo que los tontos no escucharían razones.

Торнтън продължи да резбострува, знаейки, че глупаците не искат да чуят разум.

Detener a un tonto era inútil, y dos o tres tontos no cambiaban nada.

Да спреш един глупак беше безполезно — а двама или трима заблудени не променяха нищо.

Pero el equipo no se movió ante la orden de Hal.

Но екипът не помръдна при звука на командата на Хал.

A estas alturas, sólo los golpes podían hacerlos levantarse y avanzar.

Досега само удари можеха да ги накарат да се изправят и да продължат напред.

El látigo golpeó una y otra vez a los perros debilitados.

Камшикът щракаше отново и отново по отслабените кучета.

John Thornton apretó los labios con fuerza y observó en silencio.

Джон Торнтън стисна здраво устни и наблюдаваше мълчаливо.

Solleks fue el primero en ponerse de pie bajo el látigo.

Солекс пръв се изправи на крака под камшика.

Entonces Teek lo siguió, temblando. Joe gritó al tambalearse.

После Тийк го последва, треперещ. Джо извика, докато се изправяше на крака.

Pike intentó levantarse, falló dos veces y finalmente se mantuvo en pie, tambaleándose.

Пайк се опита да се изправи, не успя два пъти и най-накрая се изправи нестабилно.

Pero Buck yacía donde había caído, sin moverse en absoluto este momento.

Но Бък лежеше там, където беше паднал, този път изобщо не помръдвайки.

El látigo lo golpeaba una y otra vez, pero él no emitía ningún sonido.

Камшикът го удряше отново и отново, но той не издаде никакъв звук.

Él no se inmutó ni se resistió, simplemente permaneció quieto y en silencio.

Той не трепна, нито се съпротивляваше, просто остана неподвижен и мълчалив.

Thornton se movió más de una vez, como si fuera a hablar, pero no lo hizo.

Торнтън се размърда няколко пъти, сякаш да проговори, но не го направи.

Sus ojos se humedecieron y el látigo siguió golpeando contra Buck.

Очите му се намокриха, а камшикът продължаваше да пляска по Бък.

Finalmente, Thornton comenzó a caminar lentamente, sin saber qué hacer.

Най-накрая Торнтън започна бавно да крачи, несигурен какво да прави.

Era la primera vez que Buck fallaba y Hal se puso furioso.

Това беше първият път, когато Бък се провали, и Хал се вбеси.

Dejó el látigo y en su lugar tomó el pesado garrote.

Той хвърли камшика и вместо това взе тежката тояга.

El palo de madera cayó con fuerza, pero Buck todavía no se levantó para moverse.

Дървената тояга се стовари силно, но Бък все още не се изправи, за да помръдне.

Al igual que sus compañeros de equipo, era demasiado débil, pero más que eso.

Подобно на съотборниците си, той беше твърде слаб - но нещо повече от това.

Buck había decidido no moverse, sin importar lo que sucediera después.

Бък беше решил да не помръдва, независимо какво щеше да се случи по-нататък.

Sintió algo oscuro y seguro flotando justo delante.

Той усети нещо тъмно и сигурно да се носи точно пред него.

Ese miedo se apoderó de él tan pronto como llegó a la orilla del río.

Този ужас го обзе веднага щом стигна брега на реката.

La sensación no lo había abandonado desde que sintió el hielo fino bajo sus patas.

Чувството не го беше напускало, откакто усети как ледът под лапите му е тънък.

Algo terrible lo esperaba; lo sintió más allá del camino.

Нещо ужасно го чакаше — той го усещаше чак по пътеката.

No iba a caminar hacia esa cosa terrible que había delante.

Той нямаше да върви към това ужасно нещо напред.

Él no iba a obedecer ninguna orden que lo llevara a esa cosa.

Той нямаше да се подчини на никаква заповед, която да го доведе до това нещо.

El dolor de los golpes apenas lo afectaba ahora: estaba demasiado lejos.

Болката от ударите почти не го докосваше сега — беше твърде изтощен.

La chispa de la vida parpadeaba débilmente y se apagaba bajo cada golpe cruel.

Искрата на живота трептеше слабо, приглушена под всеки жесток удар.

Sus extremidades se sentían distantes; su cuerpo entero parecía pertenecer a otro.

Крайниците му се усещаха далечни; цялото му тяло сякаш принадлежеше на друг.

Sintió un extraño entumecimiento mientras el dolor desapareció por completo.

Той почувства странно изтръпване, когато болката отшумя напълно.

Desde lejos, sentía que lo golpeaban, pero apenas lo sabía.

Отдалеч усещаше, че го бият, но едва го осъзнаваше.

Podía oír los golpes débilmente, pero ya no dolían realmente.

Той чуваше едва доловимите удари, но те вече не го боляха истински.

Los golpes dieron en el blanco, pero su cuerpo ya no parecía el suyo.

Ударите се усещаха, но тялото му вече не изглеждаше като негово собствено.

Entonces, de repente y sin previo aviso, John Thornton lanzó un grito salvaje.

Тогава изведнъж, без предупреждение, Джон Торнтън нададе див вик.

Era un grito inarticulado, más el grito de una bestia que el de un hombre.

Беше нечленоразделен, по-скоро вик на звяр, отколкото на човек.

Saltó hacia el hombre con el garrote y tiró a Hal hacia atrás.

Той скочи върху мъжа с тоягата и събори Хал назад.

Hal voló como si lo hubiera golpeado un árbol y aterrizó con fuerza en el suelo.

Хал полетя сякаш ударен от дърво, и се приземи тежко на земята.

Mercedes gritó en pánico y se llevó las manos a la cara.

Мерседес изкрещя панически и се хвана за лицето си.

Charles se limitó a mirar, se secó los ojos y permaneció sentado.

Чарлз само наблюдаваше, избърса очите си и остана седнал.

Su cuerpo estaba demasiado rígido por el dolor para levantarse o ayudar en la pelea.

Тялото му беше твърде сковано от болка, за да се изправи или да помогне в битката.

Thornton se quedó de pie junto a Buck, temblando de furia, incapaz de hablar.

Торнтън стоеше над Бък, трепереш от ярост, неспособен да проговори.

Se estremeció de rabia y luchó por encontrar su voz a través de ella.

Той трепереше от ярост и се мъчеше да намери гласа си през нея.

—Si vuelves a golpear a ese perro, te mataré —dijo finalmente.

„Ако удариш това куче още веднъж, ще те убия", каза той най-накрая.

Hal se limpió la sangre de la boca y volvió a avanzar.

Хал избърса кръвта от устата си и отново пристъпи напред.

—Es mi perro —murmuró—. ¡Quítate del medio o te curaré!

— Кучето ми е — промърмори той. — Махни се от пътя, или ще те оправя.

"Voy a Dawson y no me lo vas a impedir", añadió.

„Отивам в Доусън и ти няма да ме спреш", добави той.

Thornton se mantuvo firme entre Buck y el joven enojado.

Торнтън стоеше твърдо между Бък и ядосания млад мъж.

No tenía intención de hacerse a un lado o dejar pasar a Hal.

Нямаше намерение да се отдръпне или да пропусне Хал.

Hal sacó su cuchillo de caza, largo y peligroso en la mano.

Хал извади ловния си нож, дълъг и опасен в ръката си.

Mercedes gritó, luego lloró y luego rió con una histeria salvaje.

Мерседес крещеше, после плака, после се смееше диво истерично.

Thornton golpeó la mano de Hal con el mango de su hacha, fuerte y rápido.

Торнтън удари ръката на Хал с дръжката на брадвата си, силно и бързо.

El cuchillo se soltó del agarre de Hal y voló al suelo.

Ножът се изхвърча от хватката на Хал и полетя на земята.

Hal intentó recoger el cuchillo y Thornton volvió a golpearle los nudillos.

Хал се опита да вдигне ножа, а Торнтън отново почука по кокалчетата на пръстите си.

Entonces Thornton se agachó, agarró el cuchillo y lo sostuvo.

Тогава Торнтън се наведе, грабна ножа и го задържа.

Con dos rápidos golpes del mango del hacha, cortó las riendas de Buck.

С два бързи удара с дръжката на брадвата той преряза юздите на Бък.

Hal ya no tenía fuerzas para luchar y se apartó del perro.

Хал не можеше да се бори повече и се отдръпна от кучето.

Además, Mercedes necesitaba ahora ambos brazos para mantenerse erguida.

Освен това, Мерседес вече се нуждаеше от двете си ръце, за да се държи изправена.

Buck estaba demasiado cerca de la muerte como para volver a ser útil para tirar de un trineo.

Бък беше твърде близо до смъртта, за да може отново да тегли шейна.

Unos minutos después, se marcharon y se dirigieron río abajo.

Няколко минути по-късно те потеглиха и се отправиха надолу по реката.

Buck levantó la cabeza débilmente y los observó mientras salían del banco.

Бък вдигна слабо глава и ги наблюдаваше как напускат банката.

Pike lideró el equipo, con Solleks en la parte trasera, al volante.

Пайк поведе отбора, а Солекс беше отзад на мястото на кормилото.

Joe y Teek caminaron entre ellos, ambos cojeando por el cansancio.

Джо и Тийк вървяха между тях, и двамата куцайки от изтощение.

Mercedes se sentó en el trineo y Hal agarró el largo palo.

Мерседес седеше на шейната, а Хал стискаше дългия прът за впряг.

Charles se tambaleó detrás, sus pasos torpes e inseguros.

Чарлз се препъваше назад, стъпките му бяха тромави и несигурни.

Thornton se arrodilló junto a Buck y buscó con delicadeza los huesos rotos.

Торнтън коленичи до Бък и внимателно опипа за счупени кости.

Sus manos eran ásperas pero se movían con amabilidad y cuidado.

Ръцете му бяха груби, но движени с доброта и грижа.

**El cuerpo de Buck estaba magullado pero no mostraba
lesiones duraderas.**

Тялото на Бък беше насинено, но не показваше трайни
наранявания.

**Lo que quedó fue un hambre terrible y una debilidad casi
total.**

Това, което остана, беше ужасен глад и почти пълна
слабост.

**Cuando esto quedó claro, el trineo ya había avanzado mucho
río abajo.**

Докато това се разчисти, шейната беше отишла далеч
надолу по реката.

**El hombre y el perro observaron cómo el trineo se deslizaba
lentamente sobre el hielo agrietado.**

Човек и куче наблюдаваха как шейната бавно пълзи по
напукания лед.

Luego vieron que el trineo se hundía en un hueco.

Тогава видяха как шейната потъва в една вдлъбнатина.

**El mástil voló hacia arriba, con Hal todavía aferrándose a él
en vano.**

Въртящият прът полетя нагоре, а Хал все още се държеше
напразно за него.

El grito de Mercedes les llegó a través de la fría distancia.

Викът на Мерседес ги достигна през студеното разстояние.

**Charles se giró y dio un paso atrás, pero ya era demasiado
tarde.**

Чарлз се обърна и отстъпи назад — но беше твърде късно.

Una capa de hielo entera cedió y todos ellos cayeron al suelo.

Цяла ледена покривка се поддаде и всички те пропаднаха.

**Los perros, los trineos y las personas desaparecieron en el
agua negra que había debajo.**

Кучета, шейни и хора изчезнаха в черната вода долу.

**En el hielo por donde habían pasado sólo quedaba un
amplio agujero.**

Само широка дупка в леда беше останала там, където бяха
минали.

El sendero se había hundido por completo, tal como Thornton había advertido.

Долната част на пътеката се беше сринала — точно както Торнтън предупреди.

Thornton y Buck se miraron el uno al otro y guardaron silencio por un momento.

Торнтън и Бък се спогледаха и замълчаха за момент.

—Pobre diablo —dijo Thornton suavemente, y Buck le lamió la mano.

— Горкият дяволче — каза тихо Торнтън и Бък облиза ръката му.

Por el amor de un hombre
Заради любовта на един мъж

John Thornton se congeló los pies en el frío del diciembre anterior.
Джон Торнгън си измръзна краката в студа на предходния декември.
Sus compañeros lo hicieron sentir cómodo y lo dejaron recuperarse solo.
Партньорите му го настаниха удобно и го оставиха да се възстанови сам.
Subieron al río para recoger una balsa de troncos para aserrar para Dawson.
Те се отправиха нагоре по реката, за да съберат сал с дървени трупи за Доусън.
Todavía cojeaba ligeramente cuando rescató a Buck de la muerte.
Той все още леко куцаше, когато спаси Бък от смърт.
Pero como el clima cálido continuó, incluso esa cojera desapareció.
Но с продължаващото топло време, дори това куцане изчезна.
Durante los largos días de primavera, Buck descansaba a orillas del río.
Лежейки край брега на реката през дългите пролетни дни, Бък си почиваше.
Observó el agua fluir y escuchó a los pájaros y a los insectos.
Той наблюдаваше течащата вода и слушаше птици и насекоми.
Lentamente, Buck recuperó su fuerza bajo el sol y el cielo.
Бавно Бък възвърна силите си под слънцето и небето.
Un descanso fue maravilloso después de viajar tres mil millas.
Почивката беше прекрасно усещане след изминаване на три хиляди мили.
Buck se volvió perezoso a medida que sus heridas sanaban y su cuerpo se llenaba.

Бък стана мързелив, докато раните му заздравяваха и тялото му се изпълваше.

Sus músculos se reafirmaron y la carne volvió a cubrir sus huesos.

Мускулите му се стегнаха и плътта отново покри костите му.

Todos estaban descansando: Buck, Thornton, Skeet y Nig.

Всички си почиваха — Бък, Торнтън, Скийт и Ниг.

Esperaron la balsa que los llevaría a Dawson.

Те чакаха сала, който щеше да ги отведе до Доусън.

Skeet era un pequeño setter irlandés que se hizo amigo de Buck.

Скийт беше малък ирландски сетер, който се сприятели с Бък.

Buck estaba demasiado débil y enfermo para resistirse a ella en su primer encuentro.

Бък беше твърде слаб и болен, за да ѝ се съпротивлява при първата им среща.

Skeet tenía el rasgo de sanador que algunos perros poseen naturalmente.

Скийт притежаваше лечителската черта, която някои кучета естествено притежават.

Como una gata madre, lamió y limpió las heridas abiertas de Buck.

Като майка котка, тя облизваше и почистваше разранените рани на Бък.

Todas las mañanas, después del desayuno, repetía su minucioso trabajo.

Всяка сутрин след закуска тя повтаряше старателната си работа.

Buck llegó a esperar su ayuda tanto como la de Thornton.

Бък очакваше нейната помощ толкова, колкото и тази на Торнтън.

Nig también era amigable, pero menos abierto y menos cariñoso.

Ниг също беше дружелюбен, но по-малко открит и по-малко привързан.

Nig era un perro grande y negro, mitad sabueso y mitad lebrel.

Ниг беше голямо черно куче, наполовина хрътка, наполовина диърхаунд.

Tenía ojos sonrientes y un espíritu bondadoso sin límites.

Той имаше смеещи се очи и безкрайна доброта в духа си.

Para sorpresa de Buck, ninguno de los perros mostró celos hacia él.

За изненада на Бък, нито едно от кучетата не показа ревност към него.

Tanto Skeet como Nig compartieron la amabilidad de John Thornton.

И Скийт, и Ниг споделяха добротата на Джон Торнтън.

A medida que Buck se hacía más fuerte, lo atrajeron hacia juegos de perros tontos.

Докато Бък ставаше все по-силен, те го примамваха в глупави кучешки игри.

Thornton también jugaba a menudo con ellos, incapaz de resistirse a su alegría.

Торнтън също често играеше с тях, неспособен да устои на радостта им.

De esta manera lúdica, Buck pasó de la enfermedad a una nueva vida.

По този игрив начин Бък премина от болестта към нов живот.

El amor, el amor verdadero, ardiente y apasionado, finalmente era suyo.

Любовта — истинска, пламенна и страстна любов — най-накрая беше негова.

Nunca había conocido ese tipo de amor en la finca de Miller.

Той никога не беше познавал подобна любов в имението на Милър.

Con los hijos del Juez había compartido trabajo y aventuras.

Със синовете на съдията той споделяше работа и приключения.

En los nietos vio un orgullo rígido y jactancioso.

При внуците той видя скована и хвалебствена гордост.

Con el propio juez Miller mantuvo una amistad respetuosa.

Със самия съдия Милър той поддържаше уважително приятелство.

Pero el amor que era fuego, locura y adoración llegó con Thornton.

Но любовта, която беше огън, лудост и преклонение, дойде с Торнтън.

Este hombre había salvado la vida de Buck, y eso solo significaba mucho.

Този човек беше спасил живота на Бък и само това означаваше много.

Pero más que eso, John Thornton era el tipo de maestro ideal.

Но повече от това, Джон Торнтън беше идеалният тип учител.

Otros hombres cuidaban perros por obligación o necesidad laboral.

Други мъже се грижеха за кучета от длъжност или по служебна необходимост.

John Thornton cuidaba a sus perros como si fueran sus hijos.

Джон Торнтън се грижеше за кучетата си, сякаш бяха негови деца.

Él se preocupaba por ellos porque los amaba y simplemente no podía evitarlo.

Той се грижеше за тях, защото ги обичаше и просто не можеше да се сдържи.

John Thornton vio incluso más lejos de lo que la mayoría de los hombres lograron ver.

Джон Торнтън виждаше дори по-далеч, отколкото повечето мъже някога успяваха да видят.

Nunca se olvidó de saludarlos amablemente o decirles alguna palabra de aliento.

Той никога не забравяше да ги поздрави любезно или да им каже някоя окуражителна дума.

Le encantaba sentarse con los perros para tener largas charlas, o "gases", como él decía.

Той обичаше да седи с кучетата за дълги разговори, или както казваше, „газове".

Le gustaba agarrar bruscamente la cabeza de Buck entre sus fuertes manos.

Той обичаше да хваща грубо главата на Бък между силните си ръце.

Luego apoyó su cabeza contra la de Buck y lo sacudió suavemente.

След това той опря глава на тази на Бък и нежно го разтърси.

Mientras tanto, él llamaba a Buck con nombres groseros que significaban amor para Buck.

През цялото време той наричаше Бък с груби имена, което за него означаваше любов.

Para Buck, ese fuerte abrazo y esas palabras le trajeron una profunda alegría.

На Бък тази груба прегръдка и тези думи донесоха дълбока радост.

Su corazón parecía latir con fuerza de felicidad con cada movimiento.

Сърцето му сякаш се разтрепераше от щастие при всяко движение.

Cuando se levantó de un salto, su boca parecía como si se estuviera riendo.

Когато скочи след това, устата му сякаш се смееше.

Sus ojos brillaban intensamente y su garganta temblaba con una alegría tácita.

Очите му блестяха ярко, а гърлото му трепереше от неизказана радост.

Su sonrisa se detuvo en ese estado de emoción y afecto resplandeciente.

Усмивката му замръзна в това състояние на емоция и сияйна обич.

Entonces Thornton exclamó pensativo: "¡Dios! ¡Casi puede hablar!"

Тогава Торнтън възкликна замислено: „Боже! Той почти може да говори!"

Buck tenía una extraña forma de expresar amor que casi causaba dolor.

Бък имаше странен начин да изразява любов, който почти причиняваше болка.

A menudo apretaba muy fuerte la mano de Thornton entre los dientes.

Той често стискаше здраво ръката на Торнтън със зъби.

La mordedura iba a dejar marcas profundas que permanecerían durante algún tiempo.

Ухапването щеше да остави дълбоки следи, които щеше да останат известно време след това.

Buck creía que esos juramentos eran de amor y Thornton lo sabía también.

Бък вярваше, че тези клетви са любов, а Торнтън знаеше същото.

La mayoría de las veces, el amor de Buck se demostraba en una adoración silenciosa, casi silenciosa.

Най-често любовта на Бък се проявяваше в тихо, почти безмълвно обожание.

Aunque se emocionaba cuando lo tocaban o le hablaban, no buscaba atención.

Въпреки че се вълнуваше, когато го докосваха или му говореха, той не търсеше внимание.

Skeet empujó su nariz bajo la mano de Thornton hasta que él la acarició.

Скийт пъхна носа си под ръката на Торнтън, докато той не я погали.

Nig se acercó en silencio y apoyó su gran cabeza en la rodilla de Thornton.

Ниг се приближи тихо и отпусна голямата си глава на коляното на Торнтън.

Buck, por el contrario, se conformaba con amar desde una distancia respetuosa.

Бък, за разлика от него, беше доволен да обича от почтително разстояние.

Durante horas permaneció tendido a los pies de Thornton, alerta y observando atentamente.

Той лежеше с часове в краката на Торнтън, нащрек и наблюдавайки внимателно.

Buck estudió cada detalle del rostro de su amo y su más mínimo movimiento.

Бък изучи всеки детайл от лицето на господаря си и най-малкото му движение.

O yacía más lejos, estudiando la figura del hombre en silencio.

Или лъжеше по-надалеч, изучавайки мълчаливо силуета на мъжа.

Buck observó cada pequeño movimiento, cada cambio de postura o gesto.

Бък наблюдаваше всяко малко движение, всяка промяна в стойката или жеста.

Tan poderosa era esta conexión que a menudo atraía la mirada de Thornton.

Толкова силна беше тази връзка, че често привличаше погледа на Торнтън.

Sostuvo la mirada de Buck sin palabras, pero el amor brillaba claramente a través de ella.

Той срещна погледа на Бък без думи, през който ясно блестеше любов.

Durante mucho tiempo después de ser salvado, Buck nunca perdió de vista a Thornton.

Дълго време след като беше спасен, Бък не изпускаше Торнтън от поглед.

Cada vez que Thornton salía de la tienda, Buck lo seguía de cerca afuera.

Винаги, когато Торнтън напускаше палатката, Бък го следваше плътно навън.

Todos los amos severos de las Tierras del Norte habían hecho que Buck tuviera miedo de confiar.

Всички сурови господари в Северната земя бяха накарали Бък да се страхува да се доверява.

Temía que ningún hombre pudiera seguir siendo su amo durante más de un corto tiempo.

Той се страхуваше, че никой човек не може да остане негов
господар за повече от кратко време.

**Temía que John Thornton desapareciera como Perrault y
François.**

Той се страхуваше, че Джон Торнтън ще изчезне като
Перо и Франсоа.

**Incluso por la noche, el miedo a perderlo acechaba el sueño
inquieto de Buck.**

Дори през нощта страхът от загубата му преследваше
неспокойния сън на Бък.

**Cuando Buck se despertó, salió a escondidas al frío y fue a la
tienda de campaña.**

Когато Бък се събуди, той се измъкна навън в студа и отиде
до палатката.

**Escuchó atentamente el suave sonido de la respiración en su
interior.**

Той се ослуша внимателно за тихия звук на дишането
вътре.

**A pesar del profundo amor de Buck por John Thornton, lo
salvaje siguió vivo.**

Въпреки дълбоката любов на Бък към Джон Торнтън,
дивото остана жива.

**Ese instinto primitivo, despertado en el Norte, no
desapareció.**

Този примитивен инстинкт, събуден на Севера, не изчезна.

El amor trajo devoción, lealtad y el cálido vínculo del fuego.

Любовта донесе преданост, лоялност и топлата връзка
край огъня.

**Pero Buck también mantuvo sus instintos salvajes, agudos y
siempre alerta.**

Но Бък също така запази дивите си инстинкти, остри и
винаги бдителни.

**No era sólo una mascota domesticada de las suaves tierras de
la civilización.**

Той не беше просто опитомен домашен любимец от
меките земи на цивилизацията.

Buck era un ser salvaje que había venido a sentarse junto al fuego de Thornton.

Бък беше диво същество, което беше дошло да поседи край огъня на Торнтън.

Parecía un perro del Sur, pero en su interior vivía lo salvaje.

Приличаше на куче от Южна земя, но в него живееше дива природа.

Su amor por Thornton era demasiado grande como para permitirle robarle algo.

Любовта му към Торнтън беше твърде голяма, за да позволи кражба от него.

Pero en cualquier otro campamento, robaría con valentía y sin pausa.

Но във всеки друг лагер той би крал смело и без прекъсване.

Era tan astuto al robar que nadie podía atraparlo ni acusarlo.

Той беше толкова хитър в кражбата, че никой не можеше да го хване или обвини.

Su rostro y su cuerpo estaban cubiertos de cicatrices de muchas peleas pasadas.

Лицето и тялото му бяха покрити с белези от многобройни минали битки.

Buck seguía luchando con fiereza, pero ahora luchaba con más astucia.

Бък все още се бореше яростно, но сега се биеше с повече хитрост.

Skeet y Nig eran demasiado amables para pelear, y eran de Thornton.

Скийт и Ниг бяха твърде кротки, за да се бият, а и бяха на Торнтън.

Pero cualquier perro extraño, por fuerte o valiente que fuese, cedía.

Но всяко странно куче, независимо колко е силно или смело, отстъпваше.

De lo contrario, el perro se encontraría luchando contra Buck; luchando por su vida.

В противен случай кучето се озоваваше в битка с Бък; бореше се за живота си.

Buck no tuvo piedad una vez que decidió pelear contra otro perro.

Бък нямаше милост, след като реши да се бие с друго куче.

Había aprendido bien la ley del garrote y el colmillo en las Tierras del Norte.

Той беше добре изучил закона на тоягата и зъба в Северната земя.

Él nunca renunció a una ventaja y nunca se retractó de la batalla.

Той никога не се отказваше от предимство и никога не се отказваше от битката.

Había estudiado a los Spitz y a los perros más feroces del correo y de la policía.

Той беше изучил Шпиц и най-свирепите кучета на пощата и полицията.

Sabía claramente que no había término medio en un combate salvaje.

Той знаеше ясно, че в дивата битка няма средно положение.

Él debía gobernar o ser gobernado; mostrar misericordia significaba mostrar debilidad.

Той трябваше да управлява или да бъде управляван; проявяването на милост означаваше проявяване на слабост.

Mercy era una desconocida en el crudo y brutal mundo de la supervivencia.

Милостта беше непозната в суровия и брутален свят на оцеляването.

Mostrar misericordia era visto como miedo, y el miedo conducía rápidamente a la muerte.

Да проявиш милост се е възприемало като страх, а страхът е водил бързо до смърт.

La antigua ley era simple: matar o ser asesinado, comer o ser comido.

Старият закон беше прост: убий или бъди убит, яж или бъди изяден.

Esa ley vino desde las profundidades del tiempo, y Buck la siguió plenamente.

Този закон идваше от дълбините на времето и Бък го следваше стриктно.

Buck era mayor que su edad y el número de respiraciones que tomaba.

Бък беше по-възрастен от годините си и от броя на вдишванията, които поемаше.

Conectó claramente el pasado antiguo con el momento presente.

Той ясно свързваше древното минало с настоящето.

Los ritmos profundos de las épocas lo atravesaban como mareas.

Дълбоките ритми на вековете се движеха през него като приливите и отливите.

El tiempo latía en su sangre con la misma seguridad con la que las estaciones movían la tierra.

Времето пулсираше в кръвта му така сигурно, както сезоните движеха земята.

Se sentó junto al fuego de Thornton, con el pecho fuerte y los colmillos blancos.

Той седеше до огъня на Торнтън, с едри гърди и бели зъби.

Su largo pelaje ondeaba, pero detrás de él los espíritus de los perros salvajes observaban.

Дългата му козина се вееше, но зад него духовете на дивите кучета наблюдаваха.

Lobos medio y lobos completos se agitaron dentro de su corazón y sus sentidos.

Полувълци и истински вълци се раздвижиха в сърцето и сетивата му.

Probaron su carne y bebieron la misma agua que él.

Те опитаха месото му и пиха същата вода като него.

Olfatearon el viento junto a él y escucharon el bosque.

Те подушиха вятъра до него и се заслушаха в гората.

Susurraron los significados de los sonidos salvajes en la oscuridad.

Те шепнеха значенията на дивите звуци в тъмнината.

Ellos moldearon sus estados de ánimo y guiaron cada una de sus reacciones tranquilas.

Те оформяха настроенията му и насочваха всяка от тихите му реакции.

Se quedaron con él mientras dormía y se convirtieron en parte de sus sueños más profundos.

Те лежаха с него, докато спеше, и ставаха част от дълбоките му сънища.

Soñaron con él, más allá de él, y constituyeron su propio espíritu.

Те мечтаеха с него, отвъд него, и съставляваха самия му дух.

Los espíritus de la naturaleza llamaron con tanta fuerza que Buck se sintió atraído.

Духовете на дивата природа зовеха толкова силно, че Бък се почувства привлечен.

Cada día, la humanidad y sus reivindicaciones se debilitaban más en el corazón de Buck.

С всеки изминал ден човечеството и неговите претенции отслабваха в сърцето на Бък.

En lo profundo del bosque, un llamado extraño y emocionante estaba por surgir.

Дълбоко в гората се готвеше да се чуе странен и вълнуващ зов.

Cada vez que escuchaba el llamado, Buck sentía un impulso que no podía resistir.

Всеки път, когато чуеше обаждането, Бък изпитваше порив, на който не можеше да устои.

Él iba a alejarse del fuego y de los caminos humanos trillados.

Той щеше да се отвърне от огъня и от утъпканите човешки пътеки.

Iba a adentrarse en el bosque, avanzando sin saber por qué.

Той щеше да се гмурне в гората, да продължава напред, без да знае защо.

Él no cuestionó esta atracción porque el llamado era profundo y poderoso.

Той не постави под въпрос това привличане, защото зовът беше дълбок и силен.

A menudo, alcanzaba la sombra verde y la tierra suave e intacta.

Често той достигаше зелената сянка и меката недокосната земя

Pero entonces el fuerte amor por John Thornton lo atrajo de nuevo al fuego.

Но тогава силната любов към Джон Торнтън го привлече обратно към огъня.

Sólo John Thornton realmente pudo sostener en sus manos el corazón salvaje de Buck.

Само Джон Торнтън наистина държеше дивото сърце на Бък в хватката си.

El resto de la humanidad no tenía ningún valor o significado duradero para Buck.

Останалата част от човечеството нямаше трайна стойност или смисъл за Бък.

Los extraños podrían elogiarlo o acariciar su pelaje con manos amistosas.

Непознати може да го хвалят или да галят козината му с приятелски ръце.

Buck permaneció impasible y se alejó por demasiado afecto.

Бък остана невъзмутим и си тръгна, твърде много обичлив.

Hans y Pete llegaron con la balsa que habían esperado durante tanto tiempo.

Ханс и Пит пристигнаха със сала, който отдавна бяха чакали.

Buck los ignoró hasta que supo que estaban cerca de Thornton.

Бък ги игнорираше, докато не научи, че са близо до Торнтън.

Después de eso, los toleró, pero nunca les mostró total calidez.

След това той ги търпя, но никога не им показваше пълна топлота.

Él aceptaba comida o gentileza de ellos como si les estuviera haciendo un favor.

Той приемаше храна или добрини от тях, сякаш им правеше услуга.

Eran como Thornton: sencillos, honestos y claros en sus pensamientos.

Те бяха като Торнтън — прости, честни и с ясни мисли.

Todos juntos viajaron al aserradero de Dawson y al gran remolino.

Всички заедно пътуваха до дъскорезницата на Доусън и големия водовъртеж

En su viaje aprendieron a comprender profundamente la naturaleza de Buck.

По време на пътуването си те се научиха да разбират дълбоко природата на Бък.

No intentaron acercarse como lo habían hecho Skeet y Nig.

Те не се опитаха да се сближат, както направиха Скийт и Ниг.

Pero el amor de Buck por John Thornton solo se profundizó con el tiempo.

Но любовта на Бък към Джон Торнтън само се задълбочаваше с времето.

Sólo Thornton podía colocar una mochila en la espalda de Buck en el verano.

Само Торнтън можеше да сложи раница на гърба на Бък през лятото.

Cualquiera que fuera lo que Thornton ordenaba, Buck estaba dispuesto a hacerlo a cabalidad.

Каквото и да заповядаше Торнтън, Бък беше готов да изпълни напълно.

Un día, después de que dejaron Dawson hacia las cabeceras del río Tanana,

Един ден, след като напуснаха Доусън и се отправиха към горните притоци на Танана,

El grupo se sentó en un acantilado que caía un metro hasta el lecho rocoso desnudo.

Групата седеше на скала, която се спускаше на метър до гола скална основа.

John Thornton se sentó cerca del borde y Buck descansó a su lado.

Джон Торнтън седеше близо до ръба, а Бък си почиваше до него.

Thornton tuvo una idea repentina y llamó la atención de los hombres.

На Торнтън му хрумна внезапна мисъл и той привлече вниманието на мъжете.

Señaló hacia el otro lado del abismo y le dio a Buck una única orden.

Той посочи през пропастта и даде на Бък една-единствена команда.

—¡Salta, Buck! —dijo, extendiendo el brazo por encima del precipicio.

„Скачай, Бък!" – каза той, размахвайки ръка над пропастта.

En un momento, tuvo que agarrar a Buck, quien estaba saltando para obedecer.

След миг трябваше да сграбчи Бък, който скачаше да се подчини.

Hans y Pete corrieron hacia adelante y los pusieron a ambos a salvo.

Ханс и Пийт се втурнаха напред и дръпнаха и двамата на безопасно място.

Cuando todo terminó y recuperaron el aliento, Pete habló.

След като всичко свърши и те си поеха дъх, Пит проговори.

"El amor es extraño", dijo, conmocionado por la feroz devoción del perro.

„Любовта е необикновена", каза той, разтърсен от свирепата преданост на кучето.

Thornton meneó la cabeza y respondió con seriedad y calma.
Торнтън поклати глава и отговори със спокойна
сериозност.
"No, el amor es espléndido", dijo, "pero también terrible".
„Не, любовта е прекрасна", каза той, „но и ужасна."
"A veces, debo admitirlo, este tipo de amor me da miedo".
„Понякога, трябва да призная, този вид любов ме плаши."
Pete asintió y dijo: "Odiaría ser el hombre que te toque".
Пийт кимна и каза: „Не бих искал да съм човекът, който
ще те докосне."
Miró a Buck mientras hablaba, serio y lleno de respeto.
Той погледна Бък, докато говореше, сериозен и изпълнен с
уважение.
—¡Py Jingo! —dijo Hans rápidamente—. Yo tampoco, señor.
— Пи Джинго! — каза бързо Ханс. — И аз не, сър.

Antes de que terminara el año, los temores de Pete se
hicieron realidad en Circle City.
Преди края на годината, страховете на Пийт се сбъднаха в
Съркъл Сити.
Un hombre cruel llamado Black Burton provocó una pelea
en el bar.
Жесток мъж на име Блек Бъртън се сби в бара.
Estaba enojado y malicioso, arremetiendo contra un nuevo
novato.
Той беше ядосан и злобен, нахвърляйки се върху нов
неопитен младеж.
John Thornton entró en escena, tranquilo y afable como
siempre.
Джон Торнтън се намеси, спокоен и добродушен както
винаги.
Buck yacía en un rincón, con la cabeza gacha, observando a
Thornton de cerca.
Бък лежеше в ъгъла, с наведена глава, и наблюдаваше
внимателно Торнтън.
Burton atacó de repente, y su puñetazo hizo que Thornton
girara.

Бъртън внезапно нанесе удар, като ударът му завъртя Торнтън.

Sólo la barandilla de la barra evitó que se estrellara con fuerza contra el suelo.

Само парапетът на бара го предпази от това да се разбие силно на земята.

Los observadores oyeron un sonido que no era un ladrido ni un aullido.

Наблюдателите чуха звук, който не беше лай или скимтене

Un rugido profundo salió de Buck mientras se lanzaba hacia el hombre.

Бък изрева дълбоко, когато се хвърли към мъжа.

Burton levantó el brazo y apenas salvó su vida.

Бъртън вдигна ръка и едва спаси живота си.

Buck se estrelló contra él y lo tiró al suelo.

Бък се блъсна в него и го повали на пода.

Buck mordió profundamente el brazo del hombre y luego se abalanzó sobre su garganta.

Бък захапа дълбоко ръката на мъжа, след което се хвърли към гърлото му.

Burton sólo pudo bloquearlo parcialmente y su cuello quedó destrozado.

Бъртън успя да блокира само частично и вратът му беше разкъсан.

Los hombres se apresuraron a entrar, con los garrotes en alto, y apartaron a Buck del hombre sangrante.

Мъже нахлуха с вдигнати тояги и отблъснаха Бък от кървящия мъж.

Un cirujano trabajó rápidamente para detener la fuga de sangre.

Хирургът действаше бързо, за да спре изтичането на кръв.

Buck caminaba de un lado a otro y gruñía, intentando atacar una y otra vez.

Бък крачеше напред-назад и ръмжеше, опитвайки се да атакува отново и стново.

Sólo los golpes con los palos le impidieron llegar hasta Burton.

Само размахващите се стикове го спряха да стигне до Бъртън.

Allí mismo se convocó y celebró una asamblea de mineros.

Свикано е събрание на миньорите, което се проведе на място.

Estuvieron de acuerdo en que Buck había sido provocado y votaron por liberarlo.

Те се съгласиха, че Бък е бил провокиран и гласуваха да го освободят.

Pero el feroz nombre de Buck ahora resonaba en todos los campamentos de Alaska.

Но свирепото име на Бък сега отекваше във всеки лагер в Аляска.

Más tarde ese otoño, Buck salvó a Thornton nuevamente de una nueva manera.

По-късно същата есен Бък отново спасява Торнтън по нов начин.

Los tres hombres guiaban un bote largo por rápidos agitados.

Тримата мъже водеха дълга лодка по бурни бързеи.

Thornton tripulaba el bote, gritando instrucciones para llegar a la costa.

Торнтън управляваше лодката и викаше указания как да стигнем до брега.

Hans y Pete corrieron por la tierra, sosteniendo una cuerda de árbol a árbol.

Ханс и Пит тичаха по сушата, държейки въже, прекарано от дърво на дърво.

Buck seguía el ritmo en la orilla, siempre observando a su amo.

Бък не отстъпваше по брега, като непрекъснато наблюдаваше господаря си.

En un lugar desagradable, las rocas sobresalían bajo el agua rápida.

На едно гадно място, скали стърчаха под бързата вода.

Hans soltó la cuerda y Thornton dirigió el bote hacia otro lado.

Ханс пусна въжето и Торнтън насочи лодката нашироко.

Hans corrió para alcanzar el barco nuevamente más allá de las rocas peligrosas.

Ханс спринтира, за да настигне лодката отново покрай опасните скали.

El barco superó la cornisa pero se topó con una parte más fuerte de la corriente.

Лодката прескочи ръбовете, но удари по-силна част от течението.

Hans agarró la cuerda demasiado rápido y desequilibró el barco.

Ханс грабна въжето твърде бързо и извади лодката от равновесие.

El barco se volcó y se estrelló contra la orilla, boca abajo.

Лодката се преобърна и се удари в брега, с дъното нагоре.

Thornton fue arrojado y arrastrado hacia la parte más salvaje del agua.

Торнтън беше изхвърлен и отнесен в най-дивата част на водата.

Ningún nadador habría podido sobrevivir en esas aguas turbulentas y mortales.

Никой плувец не би могъл да оцелее в тези смъртоносни, бързи води.

Buck saltó instantáneamente y persiguió a su amo río abajo.

Бък скочи мигновено и подгони господаря си надолу по реката.

Después de trescientos metros, llegó por fin a Thornton.

След триста ярда най-накрая стигна до Торнтън.

Thornton agarró la cola de Buck y Buck se giró hacia la orilla.

Торнтън сграбчи Бък за опашката и Бък се обърна към брега.

Nadó con todas sus fuerzas, luchando contra el arrastre salvaje del agua.

Той плуваше с пълна сила, борейки се с дивото
съпротивление на водата.

Se movieron río abajo más rápido de lo que podían llegar a la orilla.

Те се движеха надолу по течението по-бързо, отколкото
можеха да стигнат до брега.

Más adelante, el río rugía cada vez más fuerte mientras caía en rápidos mortales.

Напред реката бучеше по-силно, докато се спускаше в
смъртоносни бързеи.

Las rocas cortaban el agua como los dientes de un peine enorme.

Камъни прорязваха водата като зъбите на огромен гребен.

La atracción del agua cerca de la caída era salvaje e ineludible.

Привличането на водата близо до пропастта беше свирепо
и неудържимо.

Thornton sabía que nunca podrían llegar a la costa a tiempo.

Торнтън знаеше, че никога няма да успеят да стигнат до
брега навреме.

Raspó una roca, se estrelló contra otra,

Той се огъваше по един камък, блъскаше се във втори,

Y entonces se estrelló contra una tercera roca, agarrándola con ambas manos.

И тогава се блъсна в трети камък, хващайки го с две ръце.

Soltó a Buck y gritó por encima del rugido: "¡Vamos, Buck! ¡Vamos!".

Той пусна Бък и извика над рева: „Давай, Бък! Давай!"

Buck no pudo mantenerse a flote y fue arrastrado por la corriente.

Бък не можа да се задържи на повърхността и беше
повлечен от течението.

Luchó con todas sus fuerzas, intentando girar, pero no consiguió ningún progreso.

Той се бореше усилено, мъчеше се да се обърне, но не
постигна никакъв напредък.

Entonces escuchó a Thornton repetir la orden por encima del rugido del río.

Тогава чу Торнтън да повтаря командата над рева на реката.

Buck salió del agua y levantó la cabeza como para echar una última mirada.

Бък се изправи на задните си крака от водата и вдигна глава, сякаш за последен поглед.

Luego se giró y obedeció, nadando hacia la orilla con resolución.

след това се обърна и се подчини, плувайки решително към брега.

Pete y Hans lo sacaron a tierra en el último momento posible.

Пийт и Ханс го издърпаха на брега в последния възможен момент.

Sabían que Thornton podría aferrarse a la roca sólo por unos minutos más.

Те знаеха, че Торнтън може да се вкопчи в скалата само още няколко минути.

Corrieron por la orilla hasta un lugar mucho más arriba de donde estaba colgado.

Те се изкачиха по брега до място далеч над мястото, където той висеше.

Ataron la cuerda del bote al cuello y los hombros de Buck con cuidado.

Те внимателно завързаха въжето на лодката за врата и раменете на Бък.

La cuerda estaba ajustada pero lo suficientemente suelta para permitir la respiración y el movimiento.

Въжето беше стегнато, но достатъчно хлабаво за дишане и движение.

Luego lo lanzaron nuevamente al caudaloso y mortal río.

След това отново го пуснаха в бързата, смъртоносна река.

Buck nadó con valentía, pero perdió su ángulo debido a la fuerza de la corriente.

Бък плуваше смело, но пропусна ъгъла си в силата на течението.

Se dio cuenta demasiado tarde de que iba a dejar atrás a Thornton.

Твърде късно видя, че ще подмине Торнтън.

Hans tiró de la cuerda con fuerza, como si Buck fuera un barco que se hundía.

Ханс дръпна въжето силно, сякаш Бък беше преобръщаща се лодка.

La corriente lo arrastró hacia abajo y desapareció bajo la superficie.

Течението го повлече надолу и той изчезна под повърхността.

Su cuerpo chocó contra el banco antes de que Hans y Pete pudieran sacarlo.

Тялото му се удари в банката, преди Ханс и Пийт да го извадят.

Estaba medio ahogado y le sacaron el agua a golpes.

Той беше полуудавен и те изтръгнаха водата от него.

Buck se puso de pie, se tambaleó y volvió a desplomarse en el suelo.

Бък се изправи, олюля се и отново се строполи на земята.

Entonces oyeron la voz de Thornton llevada débilmente por el viento.

Тогава чуха гласа на Торнтън, слабо донесен от вятъра.

Aunque las palabras no eran claras, sabían que estaba cerca de morir.

Въпреки че думите бяха неясни, те знаеха, че е близо до смъртта.

El sonido de la voz de Thornton golpeó a Buck como una sacudida eléctrica.

Звукът на гласа на Торнтън удари Бък като електрически шок.

Saltó y corrió por la orilla, regresando al punto de lanzamiento.

Той скочи и хукна нагоре по брега, връщайки се към мястото за излитане.

Nuevamente ataron la cuerda a Buck, y nuevamente entró al arroyo.

Отново завързаха въжето за Бък и той отново влезе в потока.

Esta vez nadó directo y firmemente hacia el agua que palpitaba.

Този път той плуваше директно и уверено в бързащата вода.

Hans soltó la cuerda con firmeza mientras Pete evitaba que se enredara.

Ханс пусна въжето равномерно, докато Пит го предпазваше от оплитане.

Buck nadó con fuerza hasta que estuvo alineado justo encima de Thornton.

Бък плуваше силно, докато не се озова точно над Торнтън.

Luego se dio la vuelta y se lanzó hacia abajo como un tren a toda velocidad.

След това се обърна и се втурна надолу като влак с пълна скорост.

Thornton lo vio venir, se preparó y le rodeó el cuello con los brazos.

Торнтън го видя да идва, стегна се и го прегърна около врата.

Hans ató la cuerda fuertemente alrededor de un árbol mientras ambos eran arrastrados hacia abajo.

Ханс здраво завърза въжето около едно дърво, докато и двамата бяха издърпани надолу.

Cayeron bajo el agua y se estrellaron contra rocas y escombros del río.

Те се претърколиха под водата, разбивайки се в скали и речни отломки.

En un momento Buck estaba arriba y al siguiente Thornton se levantó jadeando.

В един момент Бък беше отгоре, а в следващия Торнтън се изправи задъхан.

Maltratados y asfixiados, se desviaron hacia la orilla y se pusieron a salvo.

Пребити и задавени, те се обърнаха към брега и на сигурно място.

Thornton recuperó el conocimiento, acostado sobre un tronco a la deriva.

Торнтън дойде в съзнание, проснат върху един дънер.

Hans y Pete trabajaron duro para devolverle el aliento y la vida.

Ханс и Пийт го натовариха усилено, за да му върнат дъха и живота.

Su primer pensamiento fue para Buck, que yacía inmóvil y flácido.

Първата му мисъл беше за Бък, който лежеше неподвижен и отпуснат.

Nig aulló sobre el cuerpo de Buck y Skeet le lamió la cara suavemente.

Ниг виеше над тялото на Бък, а Скийт нежно облиза лицето му.

Thornton, dolorido y magullado, examinó a Buck con manos cuidadosas.

Торнтън, с рани и синини, прегледа Бък внимателно.

Encontró tres costillas rotas, pero ninguna herida mortal en el perro.

Той откри три счупени ребра, но няма смъртоносни рани по кучето.

"Eso lo resuelve", dijo Thornton. "Acamparemos aquí". Y así lo hicieron.

— Това е решение — каза Торнтън. — Ще лагеруваме тук. И те го направиха.

Se quedaron hasta que las costillas de Buck sanaron y pudo caminar nuevamente.

Те останаха, докато ребрата на Бък заздравяха и той можеше да ходи отново.

Ese invierno, Buck realizó una hazaña que aumentó aún más su fama.

През зимата Бък извърши подвиг, който допълнително увеличи славата му.

Fue menos heroico que salvar a Thornton, pero igual de impresionante.

Беше по-малко героично от спасяването на Торнтън, но също толкова впечатляващо.

En Dawson, los socios necesitaban suministros para un viaje lejano.

В Доусън партньорите се нуждаеха от провизии за далечно пътуване.

Querían viajar hacia el Este, hacia tierras vírgenes y silvestres.

Те искаха да пътуват на изток, в недокоснати диви земи.

La escritura de Buck en el Eldorado Saloon hizo posible ese viaje.

Делото на Бък в салуна „Елдорадо" направи това пътуване възможно.

Todo empezó con hombres alardeando de sus perros mientras bebían.

Започна с мъже, които се хвалеха с кучетата си, докато пиеха.

La fama de Buck lo convirtió en blanco de desafíos y dudas.

Славата на Бък го направи обект на предизвикателства и съмнения.

Thornton, orgulloso y tranquilo, se mantuvo firme en la defensa del nombre de Buck.

Торнтън, горд и спокоен, твърдо защитаваше името на Бък.

Un hombre dijo que su perro podía levantar doscientos cincuenta kilos con facilidad.

Един мъж каза, че кучето му може да тегли петстотин паунда с лекота.

Otro dijo seiscientos, y un tercero se jactó de setecientos.

Друг каза шестстотин, а трети се похвали със седемстотин.

"¡Pfft!" dijo John Thornton, "Buck puede tirar de un trineo de mil libras".

— Пф! — каза Джон Торнтън. — Бък може да тегли шейна от хиляда паунда.

Matthewson, un Rey de Bonanza, se inclinó hacia delante y lo desafió.

Матюсън, един от Кралете на Бонанза, се наведе напред и го предизвика.

¿Crees que puede poner tanto peso en movimiento?

„Мислиш ли, че може да задвижи толкова голяма тежест?"

"¿Y crees que puede tirar del peso cien yardas enteras?"

„И мислиш, че може да издърпа тежестта цели сто ярда?"

Thornton respondió con frialdad: «Sí. Buck es lo suficientemente bueno como para hacerlo».

Торнтън отговори хладнокръвно: „Да. Бък е достатъчно куче, за да го направи."

"Pondrá mil libras en movimiento y las arrastrará cien yardas".

„Той ще задвижи хиляда паунда и ще го издърпа на сто ярда."

Matthewson sonrió lentamente y se aseguró de que todos los hombres escucharan sus palabras.

Матюсън се усмихна бавно и се увери, че всички мъже чуха думите му.

Tengo mil dólares que dicen que no puede. Ahí está.

„Имам хиляда долара, които твърдят, че не може. Ето ги."

Arrojó un saco de polvo de oro del tamaño de una salchicha sobre la barra.

Той тръшна торбичка със златен прах, голяма колкото наденица, върху бара.

Nadie dijo una palabra. El silencio se hizo denso y tenso a su alrededor.

Никой не каза нито дума. Тишината около тях ставаше тежка и напрегната.

El engaño de Thornton —si es que lo hubo— había sido tomado en serio.

Блъфът на Торнтън — ако изобщо е бил такъв — беше приет насериозно.

Sintió que el calor le subía a la cara mientras la sangre le subía a las mejillas.

Той усети как горещината се надига в лицето му, докато кръвта нахлу в бузите му.

En ese momento su lengua se había adelantado a su razón.

В този момент езикът му изпревари разума му.

Realmente no sabía si Buck podría mover mil libras.

Той наистина не знаеше дали Бък може да премести хиляда паунда.

¡Media tonelada! Solo su tamaño le hacía sentir un gran peso en el corazón.

Половин тон! Само от размера му сърцето му се сви.

Tenía fe en la fuerza de Buck y creía que era capaz.

Той вярваше в силата на Бък и го смяташе за способен.

Pero nunca se había enfrentado a un desafío así, no de esta manera.

Но никога не се беше сблъсквал с подобно предизвикателство, не и като това.

Una docena de hombres lo observaban en silencio, esperando ver qué haría.

Дузина мъже го наблюдаваха мълчаливо, чакайки да видят какво ще направи.

Él no tenía el dinero, ni tampoco Hans ni Pete.

Той нямаше пари – нито пък Ханс, нито Пийт.

"Tengo un trineo afuera", dijo Matthewson fría y directamente.

— Имам шейна отвън — каза Матюсън студено и директно.

"Está cargado con veinte sacos de cincuenta libras cada uno, todo de harina.

„Натоварено е с двайсет чувала, по петдесет паунда всеки, всички брашно.“

Así que no dejen que un trineo perdido sea su excusa ahora", añadió.

„Така че не позволявайте на липсващата шейна да ви бъде извинение сега“, добави той.

Thornton permaneció en silencio. No sabía qué decir.

Торнтън мълчеше. Не знаеше какви думи да каже.

Miró a su alrededor los rostros sin verlos con claridad.

Той огледа лицата, без да ги вижда ясно.

Parecía un hombre congelado en sus pensamientos, intentando reiniciarse.

Той изглеждаше като човек, замръзнал в мисли, опитващ се да започне отново.

Luego vio a Jim O'Brien, un amigo de la época de Mastodon.

Тогава видя Джим О'Брайън, приятел от времето на мастодонтите.

Ese rostro familiar le dio un coraje que no sabía que tenía.

Това познато лице му вдъхна кураж, за която не знаеше, че я има.

Se giró y preguntó en voz baja: "¿Puedes prestarme mil?"

Той се обърна и попита тихо: „Можеш ли да ми дадеш назаем хиляда?"

"Claro", dijo O'Brien, dejando caer un pesado saco junto al oro.

— Разбира се — каза О'Брайън, като вече пускаше тежък чувал до златото.

"Pero la verdad, John, no creo que la bestia pueda hacer esto".

„Но честно казано, Джон, не вярвам, че звярът може да направи това."

Todos los que estaban en el Eldorado Saloon corrieron hacia afuera para ver el evento.

Всички в салуна „Елдорадо" се втурнаха навън, за да видят събитието.

Abandonaron las mesas y las bebidas, e incluso los juegos se pausaron.

Те напуснаха масите и напитките, а дори и игрите бяха спрени.

Comerciantes y jugadores acudieron para presenciar el final de la audaz apuesta.

Крупьорите и комарджиите дойдоха да станат свидетели на края на смелия облог.

Cientos de personas se reunieron alrededor del trineo en la calle helada y abierta.

Стотици се събраха около шейната на заледената открита улица.

El trineo de Matthewson estaba cargado con un montón de sacos de harina.

Шейната на Матюсън стоеше пълна с чували с брашно.

El trineo había permanecido parado durante horas a temperaturas bajo cero.

Шейната беше престояла с часове при минусови температури.

Los patines del trineo estaban congelados y pegados a la nieve compacta.

Плъзгачите на шейната бяха здраво замръзнали за утъпкания сняг.

Los hombres ofrecieron dos a uno de que Buck no podría mover el trineo.

Мъжете предложиха коефициент две към едно, че Бък няма да може да премести шейната.

Se desató una disputa sobre lo que realmente significaba "break out".

Избухна спор за това какво всъщност означава „избухване".

O'Brien dijo que Thornton debería aflojar la base congelada del trineo.

О'Брайън каза, че Торнтън трябва да разхлаби замръзналата основа на шейната.

Buck pudo entonces "escapar" de un comienzo sólido e inmóvil.

Тогава Бък можеше да „избухне" от солиден, неподвижен старт.

Matthewson argumentó que el perro también debe liberar a los corredores.

Матюсън твърди, че кучето също трябва да освободи бегачите.

Los hombres que habían escuchado la apuesta estuvieron de acuerdo con la opinión de Matthewson.

Мъжете, които бяха чули облога, се съгласиха с мнението на Матюсън.

Con esa decisión, las probabilidades aumentaron a tres a uno en contra de Buck.

С това решение коефициентът скочи до три към едно срещу Бък.

Nadie se animó a asumir las crecientes probabilidades de tres a uno.

Никой не се намеси, за да се възползва от нарастващия коефициент три към едно.

Ningún hombre creyó que Buck pudiera realizar la gran hazaña.

Никой мъж не вярваше, че Бък може да извърши великия подвиг.

Thornton se había apresurado a hacer la apuesta, cargado de dudas.

Торнтън беше принуден да се обзаложи, обзет от съмнения.

Ahora miró el trineo y el equipo de diez perros que estaba a su lado.

Сега той погледна шейната и впряга от десет кучета до нея.

Ver la realidad de la tarea la hizo parecer más imposible.

Виждането на реалността на задачата я правеше да изглежда още по-невъзможна.

Matthewson estaba lleno de orgullo y confianza en ese momento.

В този момент Матюсън беше изпълнен с гордост и увереност.

—¡Tres a uno! —gritó—. ¡Apuesto mil más, Thornton!

„Три към едно!" – извика той. – „Залагам още хиляда, Торнтън!"

"¿Qué dices?" añadió lo suficientemente alto para que todos lo oyeran.

„Какво ще кажеш?" – добави той достатъчно силно, за да го чуят всички.

El rostro de Thornton mostraba sus dudas, pero su ánimo se había elevado.

Лицето на Торнтън издаваше съмненията му, но духът му се беше повдигнал.

Ese espíritu de lucha ignoraba las probabilidades y no temía a nada en absoluto.

Тозият боен дух пренебрегваше неблагоприятните обстоятелства и не се страхуваше от нищо.

Llamó a Hans y Pete para que trajeran todo su dinero a la mesa.

Той се обади на Ханс и Пит, за да донесат всичките си пари на масата.

Les quedaba poco: sólo doscientos dólares en total.

Беше им останало малко — само двеста долара общо.

Esta pequeña suma constituía su fortuna total en tiempos difíciles.

Тази малка сума била цялото им богатство по време на трудни времена.

Aún así, apostaron toda su fortuna contra la apuesta de Matthewson.

Въпреки това, те заложиха цялото си състояние срещу залога на Матюсън.

El equipo de diez perros fue desenganchado y se alejó del trineo.

Впрягът от десет кучета беше отвързан и се отдалечи от шейната.

Buck fue colocado en las riendas, vistiendo su arnés familiar.

Бък беше поставен на юздите, облечен в познатия си хамут.

Había captado la energía de la multitud y sentía la tensión.

Той беше уловил енергията на тълпата и усети напрежението.

De alguna manera, sabía que tenía que hacer algo por John Thornton.

Някак си знаеше, че трябва да направи нещо за Джон Торнтън.

La gente murmuraba con admiración ante la orgullosa figura del perro.

Хората шепнеха с възхищение при вида на гордата фигура на кучето.

Era delgado y fuerte, sin un solo gramo de carne extra.

Той беше слаб и силен, без нито един излишен грам плът.

Su peso total de ciento cincuenta libras era todo potencia y resistencia.

Пълното му тегло от сто и петдесет паунда се изразяваше само в сила и издръжливост.

El pelaje de Buck brillaba como la seda, espeso y saludable.

Козината на Бък блестеше като коприна, гъста от здраве и сила.

El pelaje a lo largo de su cuello y hombros pareció levantarse y erizarse.

Козината по врата и раменете му сякаш се надигна и настръхна.

Su melena se movía levemente, cada cabello vivo con su gran energía.

Гривата му леко се помръдна, всеки косъм оживяваше от огромната му енергия.

Su pecho ancho y sus piernas fuertes hacían juego con su cuerpo pesado y duro.

Широките му гърди и силните му крака подхождаха на тежката му, жилава фигура.

Los músculos se ondulaban bajo su abrigo, tensos y firmes como hierro.

Мускули набъбваха под палтото му, стегнати и твърди като оковани желязо.

Los hombres lo tocaron y juraron que estaba construido como una máquina de acero.

Мъжете го докосваха и се кълняха, че е сложен като стоманена машина.

Las probabilidades bajaron levemente a dos a uno contra el gran perro.

Шансовете леко спаднаха до две към едно срещу голямото куче.

Un hombre de los bancos Skookum se adelantó, tartamudeando.

Мъж от пейките на Скукум се придвижи напред,
заеквайки.

—¡Bien, señor! ¡Ofrezco ochocientas libras por él, antes del
examen, señor!

„Добре, господине! Предлагам осемстотин за него... преди
изпитанието, господине!"

"¡Ochocientos, tal como está ahora mismo!" insistió el
hombre.

„Осемстотин, както е в момента!" – настоя мъжът.

Thornton dio un paso adelante, sonrió y meneó la cabeza
con calma.

Торнтън пристъпи напред, усмихна се и спокойно
поклати глава.

Matthewson intervino rápidamente con una voz de
advertencia y el ceño fruncido.

Матюсън бързо се намеси с предупредителен глас и
намръщено лице.

—Debes alejarte de él —dijo—. Dale espacio.

„Трябва да се отдръпнеш от него", каза той. „Дай му
пространство."

La multitud quedó en silencio; sólo los jugadores seguían
ofreciendo dos a uno.

Тълпата замълча; само комарджиите все още предлагаха
две срещу едно.

Todos admiraban la complexión de Buck, pero la carga
parecía demasiado grande.

Всички се възхищаваха на телосложението на Бък, но
товарът изглеждаше твърде голям.

Veinte sacos de harina, cada uno de cincuenta libras de peso,
parecían demasiados.

Двадесет чувала брашно – всеки по петдесет паунда тежащ
– изглеждаха твърде много.

Nadie estaba dispuesto a abrir su bolsa y arriesgar su dinero.

Никой не беше склонен да отвори кесията си и да рискува
парите си.

Thornton se arrodilló junto a Buck y tomó su cabeza con
ambas manos.

Торнтън коленичи до Бък и хвана главата му с две ръце.

Presionó su mejilla contra la de Buck y le habló al oído.

Той притисна бузата си към тази на Бък и проговори в ухото му.

Ya no había apretones juguetones ni susurros de insultos amorosos.

Сега нямаше игриво потупване или шепнещи любящи обиди.

Él sólo murmuró suavemente: "Tanto como me amas, Buck".

Той само промърмори тихо: „Колкото и да ме обичаш, Бък.“

Buck dejó escapar un gemido silencioso, su entusiasmo apenas fue contenido.

Бък изхленчи тихо, едва сдържайки нетърпението си.

Los espectadores observaron con curiosidad cómo la tensión llenaba el aire.

Зрителите наблюдаваха с любопитство как напрежението изпълваше въздуха.

El momento parecía casi irreal, como algo más allá de la razón.

Моментът се усещаше почти нереален, като нещо отвъд разумното.

Cuando Thornton se puso de pie, Buck tomó suavemente su mano entre sus mandíbulas.

Когато Торнтън се изправи, Бък нежно хвана ръката му в челюстите си.

Presionó con los dientes y luego lo soltó lenta y suavemente.

Той натисна със зъби, след което бавно и нежно го пусна.

Fue una respuesta silenciosa de amor, no dicha, pero entendida.

Това беше мълчалив отговор на любов, не изречен, а разбран.

Thornton se alejó bastante del perro y dio la señal.

Торнтън се отдръпна доста назад от кучето и даде знак.

—Ahora, Buck —dijo, y Buck respondió con calma y concentración.

— Хайде, Бък — каза той и Бък отговори съсредоточено спокойно.

Buck apretó las correas y luego las aflojó unos centímetros.

Бък стегна конците, след което ги разхлаби с няколко сантиметра.

Éste era el método que había aprendido; su manera de romper el trineo.

Това беше методът, който беше научил; неговият начин да счупи шейната.

—¡Caramba! —gritó Thornton con voz aguda en el pesado silencio.

„Ох!" – извика Торнтън, гласът му прониза тежката тишина.

Buck giró hacia la derecha y se lanzó con todo su peso.

Бък се обърна надясно и се хвърли с цялата си тежест.

La holgura desapareció y la masa total de Buck golpeó las cuerdas apretadas.

Хлабината изчезна и пълната маса на Бък се стовари върху стегнатите релси.

El trineo tembló y los patines produjeron un crujido crujiente.

Шейната трепереше, а плъзгачите издаваха отчетлив пращен звук.

—¡Ja! —ordenó Thornton, cambiando nuevamente la dirección de Buck.

„Хау!" изкомандва Торнтън, като отново насочи Бък към другата посока.

Buck repitió el movimiento, esta vez tirando bruscamente hacia la izquierda.

Бък повтори движението, този път дръпна рязко наляво.

El trineo crujió más fuerte y los patines crujieron y se movieron.

Шейната пукаше по-силно, плъзгачите щракаха и се размесваха.

La pesada carga se deslizó ligeramente hacia un lado sobre la nieve congelada.

Тежкият товар се плъзгаше леко настрани по замръзналия сняг.

¡El trineo se había soltado del sendero helado!

Шейната се беше откъснала от хватката на заледената пътека!

Los hombres contenían la respiración, sin darse cuenta de que ni siquiera estaban respirando.

Мъжете затаиха дъх, без да осъзнават, че дори не дишат.

—¡Ahora, TIRA! —gritó Thornton a través del silencio helado.

„Сега, ДЪРПАЙ!" – извика Торнтън през замръзналата тишина.

La orden de Thornton sonó aguda, como el chasquido de un látigo.

Командата на Торнтън прозвуча остро, като удар на камшик.

Buck se lanzó hacia adelante con una estocada feroz y estremecedora.

Бък се хвърли напред с яростен и рязък скок.

Todo su cuerpo se tensó y se arrugó por la enorme tensión.

Цялото му тяло се стегна и сгъна за огромното напрежение.

Los músculos se ondulaban bajo su pelaje como serpientes que cobraban vida.

Мускули се напъваха под козината му като оживяващи змии.

Su gran pecho estaba bajo y la cabeza estirada hacia delante, hacia el trineo.

Големите му гърди бяха ниски, главата му — протегната напред към шейната.

Sus patas se movían como un rayo y sus garras cortaban el suelo helado.

Лапите му се движеха като светкавица, ноктите му разрязваха замръзналата земя.

Los surcos se abrieron profundos mientras luchaba por cada centímetro de tracción.

Вдлъбнатините бяха дълбоки, докато той се бореше за всеки сантиметър сцепление.

El trineo se balanceó, tembló y comenzó un movimiento lento e inquieto.

Шейната се залюля, затрепери и започна бавно, неспокойно движение.

Un pie resbaló y un hombre entre la multitud gimió en voz alta.

Единият крак се подхлъзна и мъж от тълпата изстена високо.

Entonces el trineo se lanzó hacia adelante con un movimiento brusco y espasmódico.

Тогава шейната се хвърли напред с рязко, грубо движение.

No se detuvo de nuevo: media pulgada... una pulgada... dos pulgadas más.

Не спря отново — половин инч... инч... два инча повече.

Los tirones se hicieron más pequeños a medida que el trineo empezó a ganar velocidad.

Трескитe отслабнаха, когато шейната започна да набира скорост.

Pronto Buck estaba tirando con una potencia suave, uniforme y rodante.

Скоро Бък дърпаше с плавна, равномерна, търкаляща се сила.

Los hombres jadearon y finalmente recordaron respirar de nuevo.

Мъжете ахнаха и най-накрая се сетиха да дишат отново.

No se habían dado cuenta de que su respiración se había detenido por el asombro.

Не бяха забелязали как дъхът им спря от страхопочитание.

Thornton corrió detrás, gritando órdenes breves y alegres.

Торнтън тичаше отзад, викайки кратки, весели команди.

Más adelante había una pila de leña que marcaba la distancia.

Напред имаше купчина дърва за огрев, която отбелязваше разстоянието.

A medida que Buck se acercaba a la pila, los vítores se hacían cada vez más fuertes.

Докато Бък се приближаваше към купчината, виковете ставаха все по-силни и по-силни.

Los aplausos aumentaron hasta convertirse en un rugido cuando Buck pasó el punto final.

Одобрителните викове прераснаха в рев, когато Бък подмина крайната точка.

Los hombres saltaron y gritaron, incluso Matthewson sonrió.

Мъжете подскачаха и викаха, дори Матюсън се усмихна широко.

Los sombreros volaron por el aire y los guantes fueron arrojados sin pensar ni rumbo.

Шапки летяха във въздуха, ръкавици бяха хвърляни безмислено и безцелно.

Los hombres se abrazaron y se dieron la mano sin saber a quién.

Мъже се хванаха един друг и се ръкуваха, без да знаят на кого.

Toda la multitud vibró en una celebración salvaje y alegre.

Цялата тълпа бръмчеше в диво, радостно празненство.

Thornton cayó de rodillas junto a Buck con manos temblorosas.

Торнтън падна на колене до Бък с трепереши ръце.

Apretó su cabeza contra la de Buck y lo sacudió suavemente hacia adelante y hacia atrás.

Той притисна глава към тази на Бък и нежно го разтърси напред-назад.

Los que se acercaron le oyeron maldecir al perro con silencioso amor.

Тези, които се приближиха, го чуха да проклина кучето с тиха любов.

Maldijo a Buck durante un largo rato, suavemente, cálidamente, con emoción.

Той дълго ругаеше Бък — тихо, топло, развълнувано.

—¡Bien, señor! ¡Bien, señor! —gritó el rey del Banco Skookum a toda prisa.

„Добре, господине! Добре, господине!" — извика
припряно кралят на пейката на Скукум.

—¡Le daré mil, no, mil doscientos, por ese perro, señor!

„Ще ви дам хиляда… не, хиляда и двеста… за това куче,
господине!"

**Thornton se puso de pie lentamente, con los ojos brillantes
de emoción.**

Торнтън бавно се изправи на крака, очите му блестяха от
емоция.

**Las lágrimas corrían abiertamente por sus mejillas sin
ninguna vergüenza.**

Сълзи се стичаха открито по бузите му без никакъв срам.

"Señor", le dijo al rey del Banco Skookum, firme y firme.

„Господине", каза той на краля на пейката в Скукум,
спокойно и твърдо

—No, señor. Puede irse al infierno, señor. Esa es mi última
respuesta.

„Не, господине. Можете да вървите по дяволите,
господине. Това е окончателният ми отговор."

**Buck agarró suavemente la mano de Thornton con sus
fuertes mandíbulas.**

Бък нежно сграбчи ръката на Торнтън в силните си
челюсти.

**Thornton lo sacudió juguetonamente; su vínculo era más
profundo que nunca.**

Торнтън го разтърси игриво, връзката им беше дълбока
както винаги.

**La multitud, conmovida por el momento, retrocedió en
silencio.**

Тълпата, развълнувана от момента, отстъпи мълчаливо
назад.

**Desde entonces nadie se atrevió a interrumpir tan sagrado
afecto.**

Оттогава нататък никой не смееше да прекъсва тази
свещена обич.

El sonido de la llamada
Звукът на обаждането

Buck había ganado mil seiscientos dólares en cinco minutos.
Бък беше спечелил хиляда и шестстотин долара за пет
минути.
**El dinero permitió a John Thornton pagar algunas de sus
deudas.**
Парите позволиха на Джон Торнгън да изплати част от
дълговете си.
Con el resto del dinero se dirigió al Este con sus socios.
С останалите пари той се отправи на изток с партньорите
си.
**Buscaban una legendaria mina perdida, tan antigua como el
país mismo.**
Те търсеха легендарна изгубена мина, стара колкото
самата страна.
**Muchos hombres habían buscado la mina, pero pocos la
habían encontrado.**
Много мъже бяха търсили мината, но малцина я бяха
намерили.
**Más de unos pocos hombres habían desaparecido durante la
peligrosa búsqueda.**
Неколцина мъже бяха изчезнали по време на опасното
търсене.
**Esta mina perdida estaba envuelta en misterio y vieja
tragedia.**
Тази изгубена мина беше обвита едновременно в
мистерия и стара трагедия.
**Nadie sabía quién había sido el primer hombre que
encontró la mina.**
Никой не знаеше кой е бил първият човек, открил мината.
**Las historias más antiguas no mencionan a nadie por su
nombre.**
В най-старите истории не се споменава никого по име.
**Siempre había habido allí una antigua y destartalada
cabaña.**

Там винаги е имало една стара, порутена колиба.

Los hombres moribundos habían jurado que había una mina al lado de aquella vieja cabaña.

Умиращите мъже се бяха кълнали, че до онази стара хижа има мина.

Probaron sus historias con oro como ningún otro en ningún otro lugar.

Те доказаха историите си със злато, каквото не се намира никъде другаде.

Ningún alma viviente había jamás saqueado el tesoro de aquel lugar.

Никоя жива душа никога не беше ограбвала съкровището от това място.

Los muertos estaban muertos, y los muertos no cuentan historias.

Мъртвите бяха мъртви, а мъртвите не разказват истории.

Entonces Thornton y sus amigos se dirigieron al Este.

И така, Торнтън и приятелите му се отправили на изток.

Pete y Hans se unieron, trayendo a Buck y seis perros fuertes.

Пит и Ханс се присъединиха, като доведоха Бък и шест силни кучета.

Se embarcaron en un camino desconocido donde otros habían fracasado.

Те тръгнаха по непозната пътека, където други се бяха провалили.

Se deslizaron en trineo setenta millas por el congelado río Yukón.

Те се спускаха с шейни седемдесет мили нагоре по замръзналата река Юкон.

Giraron a la izquierda y siguieron el sendero hacia Stewart.

Те завиха наляво и последваха пътеката към река Стюарт.

Pasaron Mayo y McQuestion y siguieron adelante.

Те подминаха „Майо" и „Маккуешън" и продължиха напред.

El río Stewart se encogió y se convirtió en un arroyo, atravesando picos irregulares.

Стюарт се сви в поток, пронизващ назъбени върхове.

Estos picos afilados marcaban la columna vertebral del continente.

Тези остри върхове маркираха самия гръбнак на континента.

John Thornton exigía poco a los hombres y a la tierra salvaje.

Джон Торнтън не изискваше много от хората или от дивата земя.

No temía a nada de la naturaleza y se enfrentaba a lo salvaje con facilidad.

Той не се страхуваше от нищо в природата и се изправяше пред дивото с лекота.

Con sólo sal y un rifle, podría viajar a donde quisiera.

Само със сол и пушка, той можеше да пътува където пожелае.

Al igual que los nativos, cazaba alimentos mientras viajaba.

Подобно на местните жители, той ловувал храна, докато пътувал.

Si no pescaba nada, seguía adelante, confiando en que la suerte le acompañaría.

Ако не хванеше нищо, той продължаваше, уповавайки се на късмета си.

En este largo viaje, la carne era lo principal que comían.

По време на това дълго пътуване месото беше основното нещо, което ядяха.

El trineo contenía herramientas y municiones, pero no un horario estricto.

Шейната съдържаше инструменти и боеприпаси, но нямаше строг график.

A Buck le encantaba este vagabundeo, la caza y la pesca interminables.

Бък обичаше това скитане; безкрайния лов и риболов.

Durante semanas estuvieron viajando día tras día.

Седмици наред те пътуваха ден след ден.

Otras veces montaban campamentos y permanecían allí durante semanas.

Друг път те правеха лагери и оставаха неподвижни седмици наред.

Los perros descansaron mientras los hombres cavaban en la tierra congelada.

Кучетата си почиваха, докато мъжете копаеха през замръзналата пръст.

Calentaron sartenes sobre el fuego y buscaron oro escondido.

Те затопляха тигани на огън и търсеха скрито злато.

Algunos días pasaban hambre y otros días tenían fiestas.

Някои дни гладуваха, а други дни имаха празненства.

Sus comidas dependían de la presa y de la suerte de la caza.

Храната им зависеше от дивеча и късмета при лов.

Cuando llegaba el verano, los hombres y los perros cargaban cargas sobre sus espaldas.

Когато дойде лятото, мъжете и кучетата натовариха товари на гърба си.

Navegaron por lagos azules escondidos en bosques de montaña.

Те са спускали с рафтове през сини езера, скрити в планинските гори.

Navegaban en delgadas embarcaciones por ríos que ningún hombre había cartografiado jamás.

Те плаваха с тънки лодки по реки, които никой човек никога не беше картографирал.

Esos barcos se construyeron a partir de árboles que cortaban en la naturaleza.

Тези лодки са били построени от дървета, които са отрязали в дивата природа.

Los meses pasaron y ellos serpentearon por tierras salvajes y desconocidas.

Месеците минаваха и те се виеха през дивите непознати земи.

No había hombres allí, aunque había rastros antiguos que indicaban que había habido hombres.

Нямаше мъже там, но стари следи подсказваха, че е имало хора.

Si la Cabaña Perdida fue real, entonces otras personas habían pasado por allí alguna vez.

Ако Изгубената колиба беше истинска, значи и други някога са минали оттук.

Cruzaron pasos altos en medio de tormentas de nieve, incluso en verano.

Те прекосяваха високи проходи във виелици, дори през лятото.

Temblaban bajo el sol de medianoche en las laderas desnudas de las montañas.

Те трепереха под полунощното слънце по голите планински склонове.

Entre la línea de árboles y los campos de nieve, subieron lentamente.

Между горската линия и снежните полета те се изкачваха бавно.

En los valles cálidos, aplastaban nubes de mosquitos y moscas.

В топлите долини те гонеха облаци от комари и мухи.

Recogieron bayas dulces cerca de los glaciares en plena floración del verano.

Те браха сладки плодове близо до ледниците в разцвет през лятото.

Las flores que encontraron eran tan hermosas como las de las Tierras del Sur.

Цветята, които откриха, бяха също толкова прекрасни, колкото тези в Южната земя.

Ese otoño llegaron a una región solitaria llena de lagos silenciosos.

През есента те стигнаха до уединен район, пълен с тихи езера.

La tierra estaba triste y vacía, una vez llena de pájaros y bestias.

Земята беше тъжна и пуста, някога пълна с птици и зверове.

Ahora no había vida, sólo el viento y el hielo formándose en charcos.

Сега нямаше живот, само вятърът и ледът, образуващ се в локви.

Las olas golpeaban las orillas vacías con un sonido suave y triste.

Вълните се плискаха в празни брегове с мек, тъжен звук.

Llegó otro invierno y volvieron a seguir los viejos y tenues senderos.

Дойде още една зима и те отново следваха бледи, стари следи.

Éstos eran los rastros de hombres que habían buscado mucho antes que ellos.

Това бяха следите на мъже, които са търсили много преди тях.

Un día encontraron un camino que se adentraba profundamente en el bosque oscuro.

Веднъж намериха пътека, издълбана дълбоко в тъмната гора.

Era un sendero antiguo y sintieron que la cabaña perdida estaba cerca.

Беше стара пътека и те чувстваха, че изгубената хижа е близо.

Pero el sendero no conducía a ninguna parte y se perdía en el espeso bosque.

Но пътеката не водеше никъде и се губеше в гъстата гора.

Nadie sabe quién hizo el sendero ni por qué lo hizo.

Който и да е проправил пътеката и защо я е проправил, никой не знаеше.

Más tarde encontraron los restos de una cabaña escondidos entre los árboles.

По-късно те открили останките от хижа, скрита сред дърветата.

Mantas podridas yacían esparcidas donde alguna vez alguien había dormido.

Там, където някога е спал някой, бяха разпръснати гниещи одеяла.

John Thornton encontró una pistola de chispa de cañón largo enterrada en el interior.

Джон Торнтън намери заровена вътре кремъчна пушка с дълга цев.

Sabía que se trataba de un cañón de la Bahía de Hudson desde los primeros días de su comercialización.

Той знаеше, че това е оръдие от залива Хъдсън още от ранните дни на търговията.

En aquella época, estas armas se intercambiaban por montones de pieles de castor.

В онези дни такива оръжия се разменяха за купчини боброви кожи.

Eso fue todo: no quedó ninguna pista del hombre que construyó el albergue.

Това беше всичко — не остана никаква следа от човека, който е построил хижата.

Llegó nuevamente la primavera y no encontraron ninguna señal de la Cabaña Perdida.

Пролетта дойде отново и те не намериха никаква следа от Изгубената колиба.

En lugar de eso encontraron un valle amplio con un arroyo poco profundo.

Вместо това те откриха широка долина с плитък поток.

El oro se extendía sobre el fondo de las sartenes como mantequilla suave y amarilla.

Златото лежеше по дъното на тиганите като гладко, жълто масло.

Se detuvieron allí y no buscaron más la cabaña.

Те спряха там и не търсеха повече хижата.

Cada día trabajaban y encontraban miles en polvo de oro.

Всеки ден те работеха и откриваха хиляди в златен прах.

Empaquetaron el oro en bolsas de piel de alce, de cincuenta libras cada una.

Те опаковаха златото в чували от лосова кожа, всеки по петдесет паунда.

Las bolsas estaban apiladas como leña afuera de su pequeña cabaña.

Чувалите бяха струпани като дърва за огрев пред малката им хижа.

Trabajaron como gigantes y los días pasaban como sueños rápidos.

Те работеха като гиганти, а дните минаваха като бързи сънища.

Acumularon tesoros a medida que los días interminables transcurrían rápidamente.

Те трупаха съкровища, докато безкрайните дни се търкаляха бързо.

Los perros no tenían mucho que hacer excepto transportar carne de vez en cuando.

Кучетата нямаха много какво да правят, освен да мъкнат месо от време на време.

Thornton cazó y mató el animal, y Buck se quedó tendido junto al fuego.

Торнтън ловуваше и убиваше дивеча, а Бък лежеше край огъня.

Pasó largas horas en silencio, perdido en sus pensamientos y recuerdos.

Той прекарваше дълги часове в мълчание, потънал в мисли и спомени.

La imagen del hombre peludo venía cada vez más a la mente de Buck.

Образът на косматия мъж все по-често се появяваше в съзнанието на Бък.

Ahora que el trabajo escaseaba, Buck soñaba mientras parpadeaba ante el fuego.

Сега, когато работата беше оскъдна, Бък замечта, докато примигваше към огъня.

En esos sueños, Buck vagaba con el hombre en otro mundo.

В тези сънища Бък се скиташе с мъжа в друг свят.

El miedo parecía el sentimiento más fuerte en ese mundo distante.

Страхът изглеждаше най-силното чувство в този далечен свят.

Buck vio al hombre peludo dormir con la cabeza gacha.

Бък видя как косматият мъж спи с ниско наведена глава.

Tenía las manos entrelazadas y su sueño era inquieto y entrecortado.

Ръцете му бяха стиснати, а сънят му беше неспокоен и накъсан.

Solía despertarse sobresaltado y mirar con miedo hacia la oscuridad.

Той се събуждаше стряскащо и се взираше уплашено в тъмнината.

Luego echaba más leña al fuego para mantener la llama brillante.

След това хвърляше още дърва в огъня, за да поддържа пламъка ярък.

A veces caminaban por una playa junto a un mar gris e interminable.

Понякога се разхождаха по плажа край сиво, безкрайно море.

El hombre peludo recogía mariscos y los comía mientras caminaba.

Косматият мъж браше миди и ги ядеше, докато вървеше.

Sus ojos buscaban siempre peligros ocultos en las sombras.

Очите му винаги търсеха скрити опасности в сенките.

Sus piernas siempre estaban listas para correr ante la primera señal de amenaza.

Краката му винаги бяха готови да спринтират при първия знак за заплаха.

Se arrastraron por el bosque, silenciosos y cautelosos, uno al lado del otro.

Те се промъкваха през гората, мълчаливи и предпазливи, един до друг.

Buck lo siguió de cerca y ambos se mantuvieron alerta.

Бък го следваше по петите и двамата бяха нащрек.

Sus orejas se movían y temblaban, sus narices olfateaban el aire.

Ушите им потрепваха и се движеха, носовете им подушваха въздуха.

El hombre podía oír y oler el bosque tan agudamente como Buck.

Мъжът можеше да чува и подушва гората толкова остро, колкото и Бък.

El hombre peludo se balanceó entre los árboles con una velocidad repentina.

Косматият мъж се залюля през дърветата с внезапна скорост.

Saltaba de rama en rama sin perder nunca su agarre.

Той скачаше от клон на клон, без никога да пропуска хватката си.

Se movió tan rápido sobre el suelo como sobre él.

Той се движеше толкова бързо над земята, колкото и по нея.

Buck recordó las largas noches bajo los árboles, haciendo guardia.

Бък си спомни дългите нощи под дърветата, докато беше нащрек.

El hombre dormía recostado en las ramas, aferrado fuertemente.

Мъжът спеше свит в клоните, здраво прилепнал към тях.

Esta visión del hombre peludo estaba estrechamente ligada al llamado profundo.

Това видение на косматия мъж беше тясно свързано с дълбокия зов.

El llamado aún resonaba en el bosque con una fuerza inquietante.

Зовът все още отекваше през гората с пронизителна сила.

La llamada llenó a Buck de anhelo y una inquieta sensación de alegría.

Зовът изпълни Бък с копнеж и неспокойно чувство на радост.

Sintió impulsos y agitaciones extrañas que no podía
nombrar.

Той усещаше странни импулси и вълнения, които не
можеше да назове.

A veces seguía la llamada hasta lo profundo del tranquilo
bosque.

Понякога той следваше зова дълбоко в тихата гора.

Buscó el llamado, ladrando suave o agudamente mientras
caminaba.

Той търсеше зова, лаейки тихо или остро, докато се
движеше.

Olfateó el musgo y la tierra negra donde crecían las hierbas.

Той подуши мъха и черната почва, където растяха тревите.

Resopló de alegría ante los ricos olores de la tierra profunda.

Той изсумтя от удоволствие от богатите миризми на
дълбоката земя.

Se agazapó durante horas detrás de troncos cubiertos de
hongos.

Той се е свивал с часове зад стволове, покрити с гъбички.

Se quedó quieto, escuchando con los ojos muy abiertos cada
pequeño sonido.

Той стоеше неподвижно, слушайки с широко отворени
очи всеки малък звук.

Quizás esperaba sorprender al objeto que le había hecho el
llamado.

Може би се е надявал да изненада нещото, което е дало
обаждането.

Él no sabía por qué actuaba así: simplemente lo hacía.

Той не знаеше защо се държи по този начин — просто го
правеше.

Los impulsos venían desde lo más profundo, más allá del
pensamiento o la razón.

Поривите идваха дълбоко отвътре, отвъд мисълта или
разума.

Impulsos irresistibles se apoderaron de Buck sin previo
aviso ni razón.

Неустоими импулси обзеха Бък без предупреждение или причина.

A veces dormitaba perezosamente en el campamento bajo el calor del mediodía.

Понякога той дремеше лениво в лагера под обедната жега.

De repente, su cabeza se levantó y sus orejas se levantaron en alerta.

Внезапно главата му се вдигна и ушите му наостриха глави.

Entonces se levantó de un salto y se lanzó hacia lo salvaje sin detenerse.

После скочи и се втурна в дивата природа без да се спира.

Corrió durante horas por senderos forestales y espacios abiertos.

Той тичаше с часове по горски пътеки и открити пространства.

Le encantaba seguir los lechos de los arroyos secos y espiar a los pájaros en los árboles.

Той обичаше да следва пресъхналите корита на потоците и да наблюдава птиците по дърветата.

Podría permanecer escondido todo el día, mirando a las perdices pavonearse.

Можеше да лежи скрит по цял ден, гледайки как яребици се разхождат наоколо.

Ellos tamborilearon y marcharon, sin percatarse de la presencia todavía de Buck.

Те биеха барабани и маршируваха, без да осъзнават все още присъствието на Бък.

Pero lo que más le gustaba era correr al atardecer en verano.

Но това, което най-много обичаше, беше да тича по здрач през лятото.

La tenue luz y los sonidos soñolientos del bosque lo llenaron de alegría.

Приглушената светлина и сънливите горски звуци го изпълваха с радост.

Leyó las señales del bosque tan claramente como un hombre lee un libro.

Той четеше горските знаци толкова ясно, колкото човек чете книга.

Y siempre buscaba aquella cosa extraña que lo llamaba.

И той винаги търсеше странното нещо, което го зовеше.

Ese llamado nunca se detuvo: lo alcanzaba despierto o dormido.

Това зовене никога не спираше – достигаше до него, независимо дали е буден или спящ.

Una noche, se despertó sobresaltado, con los ojos alerta y las orejas alerta.

Една нощ той се събуди стряскащо, с остър поглед и наострени уши.

Sus fosas nasales se crisparon mientras su melena se erizaba en ondas.

Ноздрите му потрепнаха, докато гривата му настръхна на вълни.

Desde lo profundo del bosque volvió a oírse el sonido, el viejo llamado.

От дълбините на гората отново се чу звукът, старият зов.

Esta vez el sonido sonó claro, un aullido largo, inquietante y familiar.

Този път звукът прозвуча ясно, дълъг, пронизващ, познат вой.

Era como el grito de un husky, pero extraño y salvaje en tono.

Беше като вик на хъски, но странен и див по тон.

Buck reconoció el sonido al instante: había oído exactamente el mismo sonido hacía mucho tiempo.

Бък разпозна звука веднага — беше чул точно този звук отдавна.

Saltó a través del campamento y desapareció rápidamente en el bosque.

Той прескочи лагера и бързо изчезна в гората.

A medida que se acercaba al sonido, disminuyó la velocidad y se movió con cuidado.

Докато се приближаваше към звука, той забави ход и се движеше внимателно.

Pronto llegó a un claro entre espesos pinos.

Скоро стигна до поляна между гъсти борови дървета.

Allí, erguido sobre sus cuartos traseros, estaba sentado un lobo de bosque alto y delgado.

Там, изправен на задните си крака, седеше висок, слаб горски вълк.

La nariz del lobo apuntaba hacia el cielo, todavía haciendo eco del llamado.

Носът на вълка сочеше към небето, все още повтаряйки зова.

Buck no había emitido ningún sonido, pero el lobo se detuvo y escuchó.

Бък не издаде и звук, но вълкът спря и се ослуша.

Sintiendo algo, el lobo se tensó y buscó en la oscuridad.

Усещайки нещо, вълкът се напрегна, оглеждайки тъмнината.

Buck apareció sigilosamente, con el cuerpo agachado y los pies quietos sobre el suelo.

Бък се промъкна в полезрението, с приведено тяло и спокойно стъпили крака на земята.

Su cola estaba recta y su cuerpo enroscado por la tensión.

Опашката му беше права, тялото му свито от напрежение.

Mostró al mismo tiempo una amenaza y una especie de amistad ruda.

Той показваше едновременно заплаха и един вид грубо приятелство.

Fue el saludo cauteloso que compartían las bestias salvajes.

Това беше предпазливият поздрав, споделян от дивите зверове.

Pero el lobo se dio la vuelta y huyó tan pronto como vio a Buck.

Но вълкът се обърна и избяга веднага щом видя Бък.

Buck lo persiguió, saltando salvajemente, ansioso por alcanzarlo.

Бък го преследваше, скачайки диво, нетърпелив да го настигне.

Siguió al lobo hasta un arroyo seco bloqueado por un atasco de madera.

Той последва вълка в пресъхнал поток, блокиран от дървена преграда.

Acorralado, el lobo giró y se mantuvo firme.

Притиснат в ъгъла, вълкът се обърна и застана на мястото си.

El lobo gruñó y mordió a su presa como un perro husky atrapado en una pelea.

Вълкът изръмжа и щракна като хванато в капан хъски по време на бой.

Los dientes del lobo chasquearon rápidamente y su cuerpo se erizó de furia salvaje.

Зъбите на вълка щракаха бързо, тялото му ежвееше от дива ярост.

Buck no atacó, sino que rodeó al lobo con cautelosa amabilidad.

Бък не атакува, а обиколи вълка с внимателна дружелюбност.

Intentó bloquear su escape con movimientos lentos e inofensivos.

Той се опита да блокира бягството си с бавни, безобидни движения.

El lobo estaba cauteloso y asustado: Buck pesaba tres veces más que él.

Вълкът беше предпазлив и уплашен — Бък го надделяваше три пъти.

La cabeza del lobo apenas llegaba hasta el enorme hombro de Buck.

Главата на вълка едва стигаше до масивното рамо на Бък.

Al acecho de un hueco, el lobo salió disparado y la persecución comenzó de nuevo.

В очакване на пролука, вълкът побягна и преследването започна отново.

Varias veces Buck lo acorraló y el baile se repitió.

Няколко пъти Бък го притисна в ъгъла и танцът се повтори.

El lobo estaba delgado y débil, de lo contrario Buck no podría haberlo atrapado.

Вълкът беше слаб и слаб, иначе Бък не би могъл да го хване.

Cada vez que Buck se acercaba, el lobo giraba y lo enfrentaba con miedo.

Всеки път, когато Бък се приближаваше, вълкът се обръщаше и се изправяше срещу него уплашено.

Luego, a la primera oportunidad, se lanzó de nuevo al bosque.

Тогава при първа възможност той отново се втурна в гората.

Pero Buck no se dio por vencido y finalmente el lobo comenzó a confiar en él.

Но Бък не се отказал и най-накрая вълкът започнал да му се доверява.

Olió la nariz de Buck y los dos se pusieron juguetones y alertas.

Той подуши носа на Бък и двамата станаха игриви и бдителни.

Jugaban como animales salvajes, feroces pero tímidos en su alegría.

Те играеха като диви животни, свирепи, но и плахи в радостта си.

Después de un rato, el lobo se alejó trotando con calma y propósito.

След известно време вълкът се отдалечи спокойно и целеустремено.

Le demostró claramente a Buck que tenía la intención de que lo siguieran.

Той ясно показа на Бък, че възнамерява да бъде последван.

Corrieron uno al lado del otro a través de la penumbra del crepúsculo.

Те тичаха един до друг през сумрака.

Siguieron el lecho del arroyo hasta el desfiladero rocoso.

Те следваха коритото на потока нагоре в скалистия пролом.

Cruzaron una divisoria fría donde había comenzado el arroyo.

Те прекосиха студен вододел, откъдето потокът беше започнал.

En la ladera más alejada encontraron un extenso bosque y numerosos arroyos.

На далечния склон откриха широка гора и много потоци.

Por esta vasta tierra corrieron durante horas sin parar.

През тази необятна земя те тичаха с часове без да спират.

El sol salió más alto, el aire se calentó, pero ellos siguieron corriendo.

Слънцето се издигна по-високо, въздухът се затопли, но те продължиха да тичат.

Buck estaba lleno de alegría: sabía que estaba respondiendo a su llamado.

Бък беше изпълнен с радост — знаеше, че отговаря на зова си.

Corrió junto a su hermano del bosque, más cerca de la fuente del llamado.

Той тичаше до горския си брат, по-близо до източника на зова.

Los viejos sentimientos regresaron, poderosos y difíciles de ignorar.

Старите чувства се завърнаха, силни и трудни за игнориране.

Éstas eran las verdades detrás de los recuerdos de sus sueños.

Това бяха истините зад спомените от сънищата му.

Todo esto ya lo había hecho antes, en un mundo distante y sombrío.

Беше правил всичко това и преди в един далечен и сенчест свят.

Ahora lo hizo de nuevo, corriendo salvajemente con el cielo abierto encima.

Сега той направи това отново, тичайки лудо сред
откритото небе над него.

**Se detuvieron en un arroyo para beber del agua fría que
fluía.**

Те спряха до един поток, за да пият от студената течаща
вода.

Mientras bebía, Buck de repente recordó a John Thornton.

Докато пиеше, Бък внезапно си спомни за Джон Торнтън.

**Se sentó en silencio, desgarrado por la atracción de la lealtad
y el llamado.**

Той седна мълчаливо, разкъсван от влечението на
лоялността и призванието.

**El lobo siguió trotando, pero regresó para impulsar a Buck a
seguir adelante.**

Вълкът продължи да тича, но се върна, за да подкара Бък
напред.

Le olisqueó la nariz y trató de convencerlo con gestos suaves.

Той подуши носа си и се опита да го примами с нежни
жестове.

**Pero Buck se dio la vuelta y comenzó a regresar por donde
había venido.**

Но Бък се обърна и тръгна обратно по пътя, по който беше
дошъл.

**El lobo corrió a su lado durante un largo rato, gimiendo
silenciosamente.**

Вълкът тичаше до него дълго време, тихо скимтейки.

**Luego se sentó, levantó la nariz y dejó escapar un largo
aullido.**

После седна, вдигна нос и издаде дълъг вой.

Fue un grito triste, que se suavizó cuando Buck se alejó.

Това беше тъжен вик, който отслабна, когато Бък се
отдалечи.

**Buck escuchó mientras el sonido del grito se desvanecía
lentamente en el silencio del bosque.**

Бък слушаше как звукът на вика бавно заглъхва в горската
тишина.

John Thornton estaba cenando cuando Buck irrumpió en el campamento.

Джон Торнтън вечеряше, когато Бък нахлу в лагера.

Buck saltó sobre él salvajemente, lamiéndolo, mordiéndolo y haciéndolo caer.

Бък скочи диво върху него, облизвайки го, хапейки го и го събаряйки.

Lo derribó, se subió encima y le besó la cara.

Той го събори, покатери се отгоре и го целуна по лицето.

Thornton lo llamó con cariño "hacer el tonto en general".

Торнтън с обич нарече това „игра на обикновен глупак".

Mientras tanto, maldijo a Buck suavemente y lo sacudió de un lado a otro.

През цялото време той нежно ругаеше Бък и го разтърсваше напред-назад.

Durante dos días y dos noches enteras, Buck no abandonó el campamento ni una sola vez.

В продължение на цели два дни и нощи Бък нито веднъж не напусна лагера.

Se mantuvo cerca de Thornton y nunca lo perdió de vista.

Той държеше близо до Торнтън и никога не го изпускаше от поглед.

Lo siguió mientras trabajaba y lo observó mientras comía.

Той го следваше, докато работеше, и го наблюдаваше, докато ядеше.

Acompañaba a Thornton con sus mantas por la noche y lo salía cada mañana.

Той виждаше Торнтън да се завива с одеялата вечер и да излиза всяка сутрин.

Pero pronto el llamado del bosque regresó, más fuerte que nunca.

Но скоро горският зов се завърна, по-силен от всякога.

Buck volvió a inquietarse, agitado por los pensamientos del lobo salvaje.

Бък отново се разтревожи, развълнуван от мислите за дивия вълк.

Recordó el terreno abierto y correr uno al lado del otro.

Той си спомни откритата земя и бягането един до друг.

Comenzó a vagar por el bosque una vez más, solo y alerta.

Той отново започна да се скита из гората, сам и нащрек.

Pero el hermano salvaje no regresó y el aullido no se escuchó.

Но дивият брат не се върна и воят не се чу.

Buck comenzó a dormir a la intemperie, manteniéndose alejado durante días.

Бък започна да спи навън, като стоеше далеч с дни.

Una vez cruzó la alta divisoria donde había comenzado el arroyo.

Веднъж той прекоси високия вододел, където беше започнал потокът.

Entró en la tierra de la madera oscura y de los arroyos anchos y fluidos.

Той навлезе в земята на тъмни гори и широко течащи потоци.

Durante una semana vagó en busca de señales del hermano salvaje.

В продължение на седмица той се скиташе, търсейки следи от дивия си брат.

Mataba su propia carne y viajaba con pasos largos e incansables.

Той сам си убиваше месото и пътуваше с дълги, неуморни крачки.

Pescaba salmón en un ancho río que llegaba al mar.

Той ловил сьомга в широка река, която стигала до морето.

Allí luchó y mató a un oso negro enloquecido por los insectos.

Там той се би и уби черна мечка, подлудена от буболечки.

El oso estaba pescando y corrió ciegamente entre los árboles.

Мечката лови риба и тичаше на сляпо през дърветата.

La batalla fue feroz y despertó el profundo espíritu de lucha de Buck.

Битката беше ожесточена, събуждайки дълбокия боен дух на Бък.

Dos días después, Buck regresó y encontró glotones en su presa.

Два дни по-късно Бък се завърнал и открил върколаци на мястото на убийството си.

Una docena de ellos se pelearon con furia y ruidosidad por la carne.

Дузина от тях се караха шумно и яростно за месото.

Buck cargó y los dispersó como hojas en el viento.

Бък се нахвърли върху тях и ги разпръсна като листа на вятъра.

Dos lobos permanecieron atrás, silenciosos, sin vida e inmóviles para siempre.

Два вълка останаха назад — мълчаливи, безжизнени и неподвижни завинаги.

La sed de sangre se hizo más fuerte que nunca.

Жаждата за кръв стана по-силна от всякога.

Buck era un cazador, un asesino, que se alimentaba de criaturas vivas.

Бък беше ловец, убиец, хранещ се с живи същества.

Sobrevivió solo, confiando en su fuerza y sus sentidos agudos.

Той оцеля сам, разчитайки на силата и острите си сетива.

Prosperó en la naturaleza, donde sólo los más resistentes podían vivir.

Той процъфтяваше в дивата природа, където само най-издръжливите можеха да живеят.

A partir de esto, un gran orgullo surgió y llenó todo el ser de Buck.

От това се надигна голяма гордост и изпълни цялото същество на Бък.

Su orgullo se reflejaba en cada uno de sus pasos, en el movimiento de cada músculo.

Гордостта му личеше във всяка негова стъпка, в пулсирането на всеки мускул.

Su orgullo era tan claro como sus palabras, y se reflejaba en su manera de comportarse.

Гордостта му беше ясна като думите, личеше от начина, по който се държеше.

Incluso su grueso pelaje parecía más majestuoso y brillaba más.

Дори дебелата му козина изглеждаше по-величествена и блестеше по-ярко.

Buck podría haber sido confundido con un lobo gigante.

Бък можеше да бъде сбъркан с гигантски горски вълк.

A excepción del color marrón en el hocico y las manchas sobre los ojos.

С изключение на кафявото по муцуната и петната над очите.

Y la raya blanca de pelo que corría por el centro de su pecho.

И бялата ивица козина, която се спускаше по средата на гърдите му.

Era incluso más grande que el lobo más grande de esa feroz raza.

Той беше дори по-едър от най-големия вълк от тази свирепа порода.

Su padre, un San Bernardo, le dio tamaño y complexión robusta.

Баща му, санбернар, му е дал ръст и тежка фигура.

Su madre, una pastora, moldeó esa masa hasta darle forma de lobo.

Майка му, овчарка, оформи това едро във форма на вълк.

Tenía el hocico largo de un lobo, aunque más pesado y ancho.

Имаше дългата муцуна на вълк, макар и по-тежка и по-широка.

Su cabeza era la de un lobo, pero construida en una escala enorme y majestuosa.

Главата му беше вълча, но изградена с масивен, величествен мащаб.

La astucia de Buck era la astucia del lobo y de la naturaleza.

Хитростта на Бък беше хитростта на вълка и на дивото.

Su inteligencia provenía tanto del pastor alemán como del san bernardo.

Интелигентността му идваше както от немската овчарка, така и от санбернар.

Todo esto, más la dura experiencia, lo convirtieron en una criatura temible.

Всичко това, плюс суровия опит, го превърна в страховито същество.

Era tan formidable como cualquier bestia que vagaba por las tierras salvajes del norte.

Той беше толкова страховит, колкото всеки звяр, бродещ из северната дива природа.

Viviendo sólo de carne, Buck alcanzó el máximo nivel de su fuerza.

Живеейки само на месо, Бък достигна пълния пик на силата си.

Rebosaba poder y fuerza masculina en cada fibra de él.

Той преливаше от сила и мъжка мощ във всяка своя фибра.

Cuando Thornton le acarició la espalda, sus pelos brillaron con energía.

Когато Торнтън го погали по гърба, космите му заискриха от енергия.

Cada cabello crujió, cargado con el toque de un magnetismo vivo.

Всеки косъм пращеше, зареден с докосването на жив магнетизъм.

Su cuerpo y su cerebro estaban afinados al máximo nivel posible.

Тялото и мозъкът му бяха настроени на възможно най-финия тон.

Cada nervio, fibra y músculo trabajaba en perfecta armonía.

Всеки нерв, влакно и мускул работеха в перфектна хармония.

Ante cualquier sonido o visión que requiriera acción, él respondía instantáneamente.

На всеки звук или гледка, изискващи действие, той реагираше мигновено.

Si un husky saltaba para atacar, Buck podía saltar el doble de rápido.

Ако хъски скочи да атакува, Бък можеше да скочи два пъти по-бързо.

Reaccionó más rápido de lo que los demás pudieron verlo o escuchar.

Той реагира по-бързо, отколкото другите можеха дори да видят или чуят.

La percepción, la decisión y la acción se produjeron en un momento fluido.

Възприятието, решението и действието се случиха в един плавен момент.

En realidad, estos actos fueron separados, pero demasiado rápidos para notarlos.

Всъщност тези действия бяха отделни, но твърде бързи, за да бъдат забелязани.

Los intervalos entre estos actos fueron tan breves que parecían uno solo.

Толкова кратки бяха паузите между тези действия, че те изглеждаха като едно цяло.

Sus músculos y su ser eran como resortes fuertemente enrollados.

Мускулите и тялото му бяха като плътно навити пружини.

Su cuerpo rebosaba de vida, salvaje y alegre en su poder.

Тялото му кипеше от живот, диво и радостно в своята мощ.

A veces sentía como si la fuerza fuera a estallar fuera de él por completo.

Понякога имаше чувството, че силата ще избухне напълно от него.

"Nunca vi un perro así", dijo Thornton un día tranquilo.

„Никога не е имало такова куче", каза Торнтън един тих ден.

Los socios observaron a Buck alejarse orgullosamente del campamento.

Партньорите наблюдаваха как Бък гордо се отдалечава от лагера.

"Cuando lo crearon, cambió lo que un perro puede ser", dijo Pete.

„Когато беше създаден, той промени това, което едно куче може да бъде", каза Пит.

—¡Por Dios! Yo también lo creo —respondió Hans rápidamente.

— „За бога! И аз така мисля" — бързо се съгласи Ханс.

Lo vieron marcharse, pero no el cambio que vino después.

Видяха го как си тръгва, но не и промяната, която последва.

Tan pronto como entró en el bosque, Buck se transformó por completo.

Щом влезе в гората, Бък се преобрази напълно.

Ya no marchaba, sino que se movía como un fantasma salvaje entre los árboles.

Той вече не маршируваше, а се движеше като див призрак сред дърветата.

Se quedó en silencio, con pasos de gato, un destello que pasaba entre las sombras.

Той замълча, с котешки крака, като проблясък, преминаващ през сенки.

Utilizó la cubierta con habilidad, arrastrándose sobre su vientre como una serpiente.

Той използваше прикритието си умело, пълзейки по корем като змия.

Y como una serpiente, podía saltar hacia adelante y atacar en silencio.

И като змия, той можеше да скочи напред и да удари безшумно.

Podría robar una perdiz nival directamente de su nido escondido.

Можеше да открадне яребица директно от скритото й гнездо.

Mató conejos dormidos sin hacer un solo sonido.

Той убиваше спящи зайци без нито един звук.

Podía atrapar ardillas en el aire cuando huían demasiado lentamente.

Той можеше да хване бурундуци във въздуха, докато бягаха твърде бавно.

Ni siquiera los peces en los estanques podían escapar de sus ataques repentinos.

Дори рибите в локвите не можеха да избегнат внезапните му удари.

Ni siquiera los castores más inteligentes que arreglaban presas estaban a salvo de él.

Дори умните бобри, които поправяха язовири, не бяха в безопасност от него.

Él mataba por comida, no por diversión, pero prefería matar a sus propias víctimas.

Той убиваше за храна, не за забавление — но най-много обичаше собствените си жертви.

Aun así, un humor astuto impregnaba algunas de sus cacerías silenciosas.

И все пак, през някои от мълчаливите му ловни занимания се прокрадваше лукава нотка на хумор.

Se acercó sigilosamente a las ardillas, pero las dejó escapar.

Той се промъкна близо до катерици, само за да ги остави да избягат.

Iban a huir hacia los árboles, parloteando con terrible indignación.

Те щяха да избягат към дърветата, бърборейки от страховито възмущение.

A medida que llegaba el otoño, los alces comenzaron a aparecer en mayor número.

С настъпването на есента, лосовете започнаха да се появяват в по-голям брой.

Avanzaron lentamente hacia los valles bajos para encontrarse con el invierno.

Те се придвижваха бавно в ниските долини, за да посрещнат зимата.

Buck ya había derribado a un ternero joven y perdido.

Бък вече беше уловил едно младо, бездомно теле.

Pero anhelaba enfrentarse a presas más grandes y peligrosas.

Но той копнееше да се изправи пред по-голяма, по-опасна плячка.

Un día, en la divisoria, a la altura del nacimiento del arroyo, encontró su oportunidad.

Един ден на вододела, при извора на потока, той намери своя шанс.

Una manada de veinte alces había cruzado desde tierras boscosas.

Стадо от двадесет лоса беше преминало от гористи местности.

Entre ellos había un poderoso toro; el líder del grupo.

Сред тях беше могъщ бик; водачът на групата.

El toro medía más de seis pies de alto y parecía feroz y salvaje.

Бикът беше висок над шест фута и изглеждаше свиреп и див.

Lanzó sus anchas astas, con catorce puntas ramificándose hacia afuera.

Той разпери широките си рога, четиринадесет върха разклоняващи се навън.

Las puntas de esas astas se extendían siete pies de ancho.

Върховете на тези рога се простираха на два метра ширина.

Sus pequeños ojos ardieron de rabia cuando vio a Buck cerca.

Малките му очи пламнаха от ярост, когато забеляза Бък наблизо.

Soltó un rugido furioso, temblando de furia y dolor.

Той издаде яростен рев, треперейки от ярост и болка.

Una punta de flecha sobresalía cerca de su flanco, emplumada y afilada.

Връх на стрела стърчеше близо до хълбока му, оперен и остър.

Esta herida ayudó a explicar su humor salvaje y amargado.

Тази рана помагаше да се обясни дивото му, огорчено настроение.

Buck, guiado por su antiguo instinto de caza, hizo su movimiento.

Бък, воден от древен ловен инстинкт, направи своя ход.

Su objetivo era separar al toro del resto de la manada.

Той имаше за цел да отдели бика от останалата част от стадото.

No fue una tarea fácil: requirió velocidad y una astucia feroz.

Това не беше лесна задача — изискваше бързина и свирепа хитрост.

Ladró y bailó cerca del toro, fuera de su alcance.

Той лаеше и танцуваше близо до бика, точно извън обсега му.

El alce atacó con enormes pezuñas y astas mortales.

Лосът се нахвърли с огромни копита и смъртоносни рога.

Un golpe podría haber acabado con la vida de Buck en un instante.

Един удар можеше да сложи край на живота на Бък за миг.

Incapaz de dejar atrás la amenaza, el toro se volvió loco.

Неспособен да остави заплахата зад гърба си, бикът се разяри.

Él cargó con furia, pero Buck siempre se le escapaba.

Той се нахвърли яростно върху него, но Бък винаги се изплъзваше.

Buck fingió debilidad, lo que lo alejó aún más de la manada.

Бък се престори на слаб, примамвайки го по-далеч от стадото.

Pero los toros jóvenes estaban a punto de atacar para proteger al líder.

Но младите бикове щяха да се втурнат в атака, за да защитят водача.

Obligaron a Buck a retirarse y al toro a reincorporarse al grupo.

Те принудиха Бък да се оттегли, а бикът да се присъедини към групата.

Hay una paciencia en lo salvaje, profunda e imparable.

В дивото има търпение, дълбоко и неудържимо.

Una araña espera inmóvil en su red durante incontables horas.

Паяк чака неподвижно в мрежата си безброй часове.

Una serpiente se enrosca sin moverse y espera hasta que llega el momento.

Змията се увива без да потрепва и чака, докато дойде времето й.

Una pantera acecha hasta que llega el momento.

Пантера дебне в засада, докато настъпи подходящият момент.

Ésta es la paciencia de los depredadores que cazan para sobrevivir.

Това е търпението на хищниците, които ловуват, за да оцелеят.

Esa misma paciencia ardía dentro de Buck mientras se quedaba cerca.

Същото търпение гореше и в Бък, докато стоеше наблизо.

Se quedó cerca de la manada, frenando su marcha y sembrando el miedo.

Той остана близо до стадото, забавяйки похода му и всявайки страх.

Provocaba a los toros jóvenes y acosaba a las vacas madres.

Той дразнеше младите бикове и тормозеше майките крави.

Empujó al toro herido hacia una rabia más profunda e impotente.

Той докара ранения бик до още по-дълбока, безпомощна ярост.

Durante medio día, la lucha se prolongó sin descanso alguno.

В продължение на половин ден битката се проточи без никаква почивка.

Buck atacó desde todos los ángulos, rápido y feroz como el viento.

Бък атакуваше от всеки ъгъл, бърз и свиреп като вятъра.

Impidió que el toro descansara o se escondiera con su manada.

Той не позволявал на бика да си почине или да се скрие със стадото си.

Buck desgastó la voluntad del alce más rápido que su cuerpo.

Бък изтощи волята на лоса по-бързо от тялото му.

El día transcurrió y el sol se hundió en el cielo del noroeste.

Денят отмина и слънцето се спусна ниско в северозападното небе.

Los toros jóvenes regresaron más lentamente para ayudar a su líder.

Младите бикове се върнаха по-бавно, за да помогнат на водача си.

Las noches de otoño habían regresado y la oscuridad ahora duraba seis horas.

Есенните нощи се бяха завърнали и тъмнината вече траеше шест часа.

El invierno los estaba empujando cuesta abajo hacia valles más seguros y cálidos.

Зимата ги притискаше надолу към по-безопасни, по-топли долини.

Pero aún así no pudieron escapar del cazador que los retenía.

Но все пак не можеха да избягат от ловеца, който ги държеше.

Sólo una vida estaba en juego: no la de la manada, sino la de su líder.

Само един живот беше заложен на карта — не на стадото, а само на водача им.

Eso hizo que la amenaza fuera distante y no su preocupación urgente.

Това правеше заплахата далечна и не ги правеше неотложна грижа.

Con el tiempo, aceptaron ese coste y dejaron que Buck se llevara al viejo toro.

С времето те приеха тази цена и позволиха на Бък да вземе стария бик.

Al caer la tarde, el viejo toro permanecía con la cabeza gacha.

Докато се спускаше здрач, старият бик стоеше с наведена глава.

Observó cómo la manada que había guiado se desvanecía en la luz que se desvanecía.

Той наблюдаваше как стадото, което беше повел, изчезва в гаснещата светлина.

Había vacas que había conocido, terneros que una vez había engendrado.

Имаше крави, които познаваше, телета, чиито баща някога беше отгледал.

Había toros más jóvenes con los que había luchado y gobernado en temporadas pasadas.

Имаше по-млади бикове, с които се беше борил и които беше управлявал в минали сезони.

No pudo seguirlos, pues frente a él estaba agazapado nuevamente Buck.

Той не можеше да ги последва — защото пред него отново се беше свил Бък.

El terror despiadado con colmillos bloqueó cualquier camino que pudiera tomar.

Безмилостният ужас с остри зъби блокираше всеки път, който можеше да поеме.

El toro pesaba más de trescientos kilos de densa potencia.

Бикът тежеше повече от триста килограма плътна сила.

Había vivido mucho tiempo y luchado con ahínco en un mundo de luchas.

Той беше живял дълго и се беше борил упорито в свят на борби.

Pero ahora, al final, la muerte vino de una bestia muy inferior a él.

И все пак сега, накрая, смъртта идваше от звяр, далеч под него.

La cabeza de Buck ni siquiera llegó a alcanzar las enormes rodillas del toro.

Главата на Бък дори не стигна до огромните, свити колене на бика.

A partir de ese momento, Buck permaneció con el toro noche y día.

От този момент нататък Бък остана с бика денем и нощем.

Nunca le dio descanso, nunca le permitió pastar ni beber.

Той никога не му даваше почивка, никога не му позволяваше да пасе или да пие.

El toro intentó comer brotes tiernos de abedul y hojas de sauce.

Бикът се опита да яде млади брезови издънки и върбови листа.

Pero Buck lo ahuyentó, siempre alerta y siempre atacando.

Но Бък го отблъсна, винаги нащрек и винаги атакуващ.

Incluso ante arroyos que goteaban, Buck bloqueó cada intento de sed.

Дори при тихите потоци Бък блокираше всеки жаден опит.

A veces, desesperado, el toro huía a toda velocidad.

Понякога, в отчаяние, бикът бягаше с пълна скорост.

Buck lo dejó correr, trotando tranquilamente detrás, nunca muy lejos.

Бък го остави да тича, подскачайки спокойно точно зад него, никога не се отдалечавайки.

Cuando el alce se detuvo, Buck se acostó, pero se mantuvo listo.

Когато лосът спря, Бък легна, но остана готов.

Si el toro intentaba comer o beber, Buck atacaba con toda furia.

Ако бикът се опиташе да яде или пие, Бък удряше с пълна ярост.

La gran cabeza del toro se hundió aún más bajo sus enormes astas.

Голямата глава на бика хлътна още по-ниско под огромните му рога.

Su paso se hizo más lento, el trote se hizo pesado, un paso tambaleante.

Темпото му се забави, тръстът стана тежък; препъваща се походка.

A menudo se quedaba quieto con las orejas caídas y la nariz pegada al suelo.

Той често стоеше неподвижно с увиснали уши и нос към земята.

Durante esos momentos, Buck se tomó tiempo para beber y descansar.

През тези моменти Бък отделяше време да пие и да си почива.

Con la lengua afuera y los ojos fijos, Buck sintió que la tierra estaba cambiando.

С изплезен език и втренчен поглед, Бък усети, че земята се променя.

Sintió algo nuevo moviéndose a través del bosque y el cielo.

Той усети нещо ново да се движи през гората и небето.

A medida que los alces regresaban, también lo hacían otras criaturas salvajes.

С завръщането на лосовете се завръщаха и други дивите същества.

La tierra se sentía viva, con presencia, invisible pero fuertemente conocida.

Земята се усещаше жива с присъствие, невидима, но силно позната.

No fue por el sonido, ni por la vista, ni por el olfato que Buck supo esto.

Бък не знаеше това по звук, зрение или обоняние.

Un sentimiento más profundo le decía que nuevas fuerzas estaban en movimiento.

По-дълбоко чувство му подсказваше, че нови сили са в движение.

Una vida extraña se agitaba en los bosques y a lo largo de los arroyos.

Странен живот се раздвижваше из горите и покрай потоците.

Decidió explorar este espíritu, después de que la caza se completara.

Той реши да изследва този дух, след като ловът приключи.

Al cuarto día, Buck finalmente logró derribar al alce.

На четвъртия ден Бък най-накрая свали лоса.

Se quedó junto a la presa durante un día y una noche enteros, alimentándose y descansando.

Той остана до жертвата цял ден и нощ, хранейки се и почивайки.

Comió, luego durmió, luego volvió a comer, hasta que estuvo fuerte y lleno.

Той яде, после спеше, после пак яде, докато не се нахрани и не се насити.

Cuando estuvo listo, regresó hacia el campamento y Thornton.

Когато беше готов, той се обърна обратно към лагера и Торнтън.

Con ritmo constante, inició el largo viaje de regreso a casa.

С равномерна крачка той започна дългото пътуване обратно към дома.

Corría con su incansable galope, hora tras hora, sin desviarse jamás.

Той тичаше неуморно, час след час, без нито веднъж да се отклони.

A través de tierras desconocidas, se movió recto como la aguja de una brújula.

През непознати земи той се движеше праволинейно като стрелка на компас.

Su sentido de la orientación hacía que el hombre y el mapa parecieran débiles en comparación.

Чувството му за посока караше човекът и картата да изглеждат слаби в сравнение с него.

A medida que Buck corría, sentía con más fuerza la agitación en la tierra salvaje.

Докато Бък тичаше, той усещаше все по-силно раздвижването в дивата земя.

Era un nuevo tipo de vida, diferente a la de los tranquilos meses de verano.

Това беше нов вид живот, различен от този през спокойните летни месеци.

Este sentimiento ya no llegaba como un mensaje sutil o distante.

Това чувство вече не идваше като едва доловим или далечен сигнал.

Ahora los pájaros hablaban de esta vida y las ardillas parloteaban sobre ella.

Сега птиците говореха за този живот, а катериците бъбреха за него.

Incluso la brisa susurraba advertencias a través de los árboles silenciosos.

Дори бризът нашепваше предупреждения през тихите дървета.

Varias veces se detuvo y olió el aire fresco de la mañana.

Няколко пъти той спираше и подушваше свежия сутрешен въздух.

Allí leyó un mensaje que le hizo avanzar más rápido.

Той прочете там съобщение, което го накара да скочи напред по-бързо.

Una fuerte sensación de peligro lo llenó, como si algo hubiera salido mal.

Тежко чувство за опасност го изпълни, сякаш нещо се беше объркало.

Temía que se avecinara una calamidad, o que ya hubiera ocurrido.

Той се страхуваше, че бедствието идва — или вече е дошло.

Cruzó la última cresta y entró en el valle de abajo.

Той прекоси последния хребет и влезе в долината отдолу.

Se movió más lentamente, alerta y cauteloso con cada paso.

Той се движеше по-бавно, бдителен и предпазлив с всяка стъпка.

A tres millas de distancia encontró un nuevo rastro que lo hizo ponerse rígido.

На три мили разстояние той намери прясна следа, която го накара да се вцепени.

El cabello de su cuello se onduló y se erizó en señal de alarma.

Косата по врата му настръхна и се накъдри от тревога.

El sendero conducía directamente al campamento donde Thornton esperaba.

Пътеката водеше право към лагера, където чакаше Торнтън.

Buck se movió más rápido ahora, su paso era silencioso y rápido.

Бък се движеше по-бързо сега, крачката му беше едновременно безшумна и бърза.

Sus nervios se tensaron al leer señales que otros no verían.

Нервите му се стегнаха, докато разчиташе знаци, които другите щяха да пропуснат.

Cada detalle del recorrido contaba una historia, excepto la pieza final.

Всеки детайл от пътеката разказваше история – с изключение на последната част.

Su nariz le contaba sobre la vida que había transcurrido por allí.

Носът му разказваше за живота, който беше преминал по този път.

El olor le dio una imagen cambiante mientras lo seguía de cerca.

Миризмата му придаде променяща се картина, докато го следваше плътно зад него.

Pero el bosque mismo había quedado en silencio; anormalmente quieto.

Но самата гора беше притихнала; неестествено неподвижна.

Los pájaros habían desaparecido, las ardillas estaban escondidas, silenciosas y quietas.

Птиците бяха изчезнали, катериците се бяха скрили, мълчаливи и неподвижни.

Sólo vio una ardilla gris, tumbada sobre un árbol muerto.

Той видя само една сива катерица, просната върху едно мъртво дърво.

La ardilla se mimetizó, rígida e inmóvil como una parte del bosque.

Катерицата се сля с тълпата, скована и неподвижна като част от гората.

Buck se movía como una sombra, silencioso y seguro entre los árboles.

Бък се движеше като сянка, безшумно и сигурно през дърветата.

Su nariz se movió hacia un lado como si una mano invisible la tirara.

Носът му се изви настрани, сякаш го дръпна невидима ръка.

Se giró y siguió el nuevo olor hasta lo profundo de un matorral.

Той се обърна и последва новата миризма дълбоко в гъсталака.

Allí encontró a Nig, que yacía muerto, atravesado por una flecha.

Там той намери Ниг, проснат мъртъв, пронизан от стрела.

La flecha atravesó su cuerpo y aún se le veían las plumas.

Стрелата преминала през тялото му, перата все още се виждали.

Nig se arrastró hasta allí, pero murió antes de llegar para recibir ayuda.

Ниг се беше довлякъл до там, но умря, преди да стигне до помощ.

Cien metros más adelante, Buck encontró otro perro de trineo.

Стотина метра по-нататък Бък намери друго куче за впряг.

Era un perro que Thornton había comprado en Dawson City.

Това беше куче, което Торнтън беше купил още от Доусън Сити.

El perro se encontraba en una lucha a muerte, agitándose con fuerza en el camino.

Кучето се бореше на смърт, блъскайки се силно по пътеката.

Buck pasó a su alrededor, sin detenerse, con los ojos fijos hacia adelante.

Бък го подмина, без да спира, с очи, вперени напред.

Desde la dirección del campamento llegaba un canto distante y rítmico.

Откъм лагера се чуваше далечно, ритмично скандиране.

Las voces subían y bajaban en un tono extraño, inquietante y cantarín.

Гласове се издигаха и затихваха със странен, зловещ, напевен тон.

Buck se arrastró hacia el borde del claro en silencio.

Бък пропълзя мълчаливо напред към края на поляната.

Allí vio a Hans tendido boca abajo, atravesado por muchas flechas.

Там той видя Ханс да лежи по лице надолу, пронизан от много стрели.

Su cuerpo parecía el de un puercoespín, erizado de plumas.

Тялото му приличаше на таралеж, осеяно с пернати стрели.

En ese mismo momento, Buck miró hacia la cabaña en ruinas.

В същия момент Бък погледна към разрушената хижа.

La visión hizo que se le erizara el pelo de la nuca y de los hombros.

Гледката накара косата му да настръхне по врата и раменете.

Una tormenta de furia salvaje recorrió todo el cuerpo de Buck.

Буря от дива ярост заля цялото тяло на Бък.

Gruñó en voz alta, aunque no sabía que lo había hecho.

Той изръмжа на глас, макар че не знаеше, че го е направил.

El sonido era crudo, lleno de furia aterradora y salvaje.

Звукът беше суров, изпълнен с ужасяваща, дива ярост.

Por última vez en su vida, Buck perdió la razón ante la emoción.

За последен път в живота си Бък загуби разум и емоции.

Fue el amor por John Thornton lo que rompió su cuidadoso control.

Любовта към Джон Торнтън беше тази, която наруши
внимателното му самообладание.

**Los Yeehats estaban bailando alrededor de la cabaña de
abetos en ruinas.**

Йийхатите танцуваха около разрушената хижа от смърч.

**Entonces se escuchó un rugido y una bestia desconocida
cargó hacia ellos.**

Тогава се чу рев — и непознат звяр се втурна към тях.

**Era Buck; una furia en movimiento; una tormenta viviente
de venganza.**

Това беше Бък; ярост в движение; жива буря от
отмъщение.

Se arrojó en medio de ellos, loco por la necesidad de matar.

Той се хвърли сред тях, обезумял от нуждата да убива.

Saltó hacia el primer hombre, el jefe Yeehat, y acertó.

Той скочи към първия мъж, вожда на йихатците, и удари
право в целта.

Su garganta fue desgarrada y la sangre brotó a chorros.

Гърлото му беше разкъсано и кръв бликаше на струя.

**Buck no se detuvo, sino que desgarró la garganta del
siguiente hombre de un salto.**

Бък не спря, а с един скок разкъса гърлото на следващия
мъж.

**Era imparable: desgarraba, cortaba y nunca se detenía a
descansar.**

Той беше неудържим - разкъсваше, разсичаше, никога не
спираше за почивка.

**Se lanzó y saltó tan rápido que sus flechas no pudieron
tocarlo.**

Той се стрелна и подскочи толкова бързо, че стрелите им
не можаха да го докоснат.

**Los Yeehats estaban atrapados en su propio pánico y
confusión.**

Йийхатите бяха обзети от собствена паника и объркване.

Sus flechas no alcanzaron a Buck y se alcanzaron entre sí.

Стрелите им не улучиха Бък и вместо това се улучиха една
в друга.

Un joven le lanzó una lanza a Buck y golpeó a otro hombre.

Един младеж хвърли копие по Бък и улучи друг мъж.

La lanza le atravesó el pecho y la punta le atravesó la espalda.

Копието прониза гърдите му, а върхът му се разпиля в гърба.

El terror se apoderó de los Yeehats y se retiraron por completo.

Ужас обзе йихатците и те се втурнаха в пълно отстъпление.

Gritaron al Espíritu Maligno y huyeron hacia las sombras del bosque.

Те изкрещяха за Злия Дух и избягаха в горските сенки.

En verdad, Buck era como un demonio mientras perseguía a los Yeehats.

Наистина, Бък беше като демон, докато гонеше Йийхатите.

Él los persiguió a través del bosque, derribándolos como si fueran ciervos.

Той се втурна след тях през гората, поваляйки ги като елени.

Se convirtió en un día de destino y terror para los asustados Yeehats.

Това се превърна в ден на съдба и ужас за уплашените йихати.

Se dispersaron por toda la tierra, huyendo lejos en todas direcciones.

Те се разпръснаха по земята, бягайки надалеч във всички посоки.

Pasó una semana entera antes de que los últimos supervivientes se reunieran en un valle.

Мина цяла седмица, преди последните оцелели да се срещнат в една долина.

Sólo entonces contaron sus pérdidas y hablaron de lo sucedido.

Едва тогава те преброиха загубите си и говориха за случилото се.

Buck, después de cansarse de la persecución, regresó al campamento en ruinas.

Бък, след като се умори от преследването, се върна в разрушения лагер.

Encontró a Pete, todavía en sus mantas, muerto en el primer ataque.

Той намери Пийт, все още с одеялата си, убит при първата атака.

Las señales de la última lucha de Thornton estaban marcadas en la tierra cercana.

Следи от последната борба на Торнтън бяха отбелязани в пръстта наблизо.

Buck siguió cada rastro, olfateando cada marca hasta un punto final.

Бък проследи всяка следа, подушвайки всяка маркировка до крайната точка.

En el borde de un estanque profundo, encontró al fiel Skeet, tumbado inmóvil.

На ръба на дълбок вир той намери верния Скийт, който лежеше неподвижно.

La cabeza y las patas delanteras de Skeet estaban en el agua, inmóviles por la muerte.

Главата и предните лапи на Скийт бяха във водата, неподвижни в смъртта.

La piscina estaba fangosa y contaminada por el agua que salía de las compuertas.

Басейнът беше кален и замърсен с оттичащи се води от шлюзовите кутии.

Su superficie nublada ocultaba lo que había debajo, pero Buck sabía la verdad.

Облачната му повърхност криеше какво се криеше отдолу, но Бък знаеше истината.

Siguió el rastro del olor de Thornton hasta la piscina, pero el olor no lo condujo a ningún otro lugar.

Той проследи миризмата на Торнтън в басейна, но миризмата не водеше никъде другаде.

No había ningún olor que indicara que salía, solo el silencio de las aguas profundas.

Нямаше никакъв аромат, който да води навън — само тишината на дълбоката вода.

Buck permaneció todo el día cerca de la piscina, paseando de un lado a otro del campamento con tristeza.

Цял ден Бък прекара близо до вира, крачейки из лагера обзет от скръб.

Vagaba inquieto o permanecía sentado en silencio, perdido en pesados pensamientos.

Той се скиташе неспокойно или седеше неподвижно, потънал в тежки мисли.

Él conocía la muerte; el fin de la vida; la desaparición de todo movimiento.

Той познаваше смъртта; края на живота; изчезването на всяко движение.

Comprendió que John Thornton se había ido y que nunca regresaría.

Той разбираше, че Джон Торнтън го няма и никога няма да се върне.

La pérdida dejó en él un vacío que palpitaba como el hambre.

Загубата остави в него празнота, която пулсираше като глад.

Pero ésta era un hambre que la comida no podía calmar, por mucho que comiera.

Но това беше глад, който храната не можеше да утоли, независимо колко ядеше.

A veces, mientras miraba a los Yeehats muertos, el dolor se desvanecía.

Понякога, докато гледаше мъртвите Йийхати, болката отшумяваше.

Y entonces un orgullo extraño surgió dentro de él, feroz y completo.

И тогава в него се надигна странна гордост, свирепа и безкрайна.

Había matado al hombre, la presa más alta y peligrosa de todas.

Той беше убил човек, най-висшата и най-опасна игра от всички.

Había matado desafiando la antigua ley del garrote y el colmillo.

Той беше убил, нарушавайки древния закон на тоягата и зъба.

Buck olió sus cuerpos sin vida, curioso y pensativo.

Бък подуши безжизнените им тела, любопитен и замислен.

Habían muerto con tanta facilidad, mucho más fácil que un husky en una pelea.

Бяха умрели толкова лесно — много по-лесно от хъски в бой.

Sin sus armas, no tenían verdadera fuerza ni representaban una amenaza.

Без оръжията си те нямаха истинска сила или заплаха.

Buck nunca volvería a temerles, a menos que estuvieran armados.

Бък никога повече нямаше да се страхува от тях, освен ако не бяха въоръжени.

Sólo tenía cuidado cuando llevaban garrotes, lanzas o flechas.

Само когато носеха тояги, копия или стрели, той щеше да внимава.

Cayó la noche y la luna llena se elevó por encima de las copas de los árboles.

Падна нощ и пълна луна се издигна високо над върховете на дърветата.

La pálida luz de la luna bañaba la tierra con un resplandor suave y fantasmal, como el del día.

Бледата светлина на луната обливаше земята в меко, призрачно сияние, подобно на дневен блясък.

A medida que la noche avanzaba, Buck seguía de luto junto al estanque silencioso.

Докато нощта се сгъстяваше, Бък продължаваше да скърби край тихия вир.

Entonces se dio cuenta de que había un movimiento diferente en el bosque.

Тогава той усети различно раздвижване в гората.

El movimiento no provenía de los Yeehats, sino de algo más antiguo y más profundo.

Раздвижването не идваше от Йийхатите, а от нещо по-старо и по-дълбоко.

Se puso de pie, con las orejas levantadas y la nariz palpando la brisa con cuidado.

Той се изправи, надигна уши и внимателно провери нос от вятъра.

Desde lejos llegó un grito débil y agudo que rompió el silencio.

Отдалеч се чу слаб, остър вик, който проряза тишината.

Luego, un coro de gritos similares siguió de cerca al primero.

След това, веднага след първия, се разнесе хор от подобни викове.

El sonido se acercaba cada vez más y se hacía más fuerte a cada momento que pasaba.

Звукът се приближаваше, усилвайки се с всеки изминал момент.

Buck conocía ese grito: venía de ese otro mundo en su memoria.

Бък познаваше този вик — той идваше от онзи друг свят в паметта му.

Caminó hasta el centro del espacio abierto y escuchó atentamente.

Той отиде до центъра на откритото пространство и се ослуша внимателно.

El llamado resonó, múltiple y más poderoso que nunca.

Зовът прозвуча, многозвучен и по-силен от всякога.

Y ahora, más que nunca, Buck estaba listo para responder a su llamado.

И сега, повече от всякога, Бък беше готов да откликне на призива си.

John Thornton había muerto y ya no tenía ningún vínculo con el hombre.

Джон Торнтън беше мъртъв и в него не остана никаква връзка с човека.

El hombre y todos sus derechos humanos habían desaparecido: él era libre por fin.

Човекът и всички човешки претенции бяха изчезнали — той най-накрая беше свободен.

La manada de lobos estaba persiguiendo carne como lo hicieron alguna vez los Yeehats.

Вълчата глутница гонеше месо, както някога са правили йехатите.

Habían seguido a los alces desde las tierras boscosas.

Те бяха проследили лосове от гористите земи.

Ahora, salvajes y hambrientos de presa, cruzaron hacia su valle.

Сега, диви и жадни за плячка, те прекосиха неговата долина.

Llegaron al claro iluminado por la luna, fluyendo como agua plateada.

В осветената от лунната светлина поляна те се стичаха като сребърна вода.

Buck permaneció quieto en el centro, inmóvil y esperándolos.

Бък стоеше неподвижно в центъра, неподвижен и ги чакаше.

Su tranquila y gran presencia dejó a la manada en un breve silencio.

Спокойното му, едро присъствие зашемети глутницата и я погълна за кратко.

Entonces el lobo más atrevido saltó hacia él sin dudarlo.

Тогава най-смелият вълк скочи право върху него без колебание.

Buck atacó rápidamente y rompió el cuello del lobo de un solo golpe.

Бък удари бързо и счупи врата на вълка с един удар.

Se quedó inmóvil nuevamente mientras el lobo moribundo se retorcía detrás de él.

Той отново застана неподвижно, докато умиращият вълк се извиваше зад него.

Tres lobos más atacaron rápidamente, uno tras otro.

Още три вълка атакуваха бързо, един след друг.

Todos retrocedieron sangrando, con la garganta o los hombros destrozados.

Всеки отстъпваше, кървейки, с прерязани гърла или рамене.

Eso fue suficiente para que toda la manada se lanzara a una carga salvaje.

Това беше достатъчно, за да предизвика дива атака на цялата глутница.

Se precipitaron juntos, demasiado ansiosos y apiñados para golpear bien.

Те се втурнаха заедно, твърде нетърпеливи и претъпкани, за да ударят добре.

La velocidad y habilidad de Buck le permitieron mantenerse por delante del ataque.

Скоростта и умението на Бък му позволиха да изпревари атаката.

Giró sobre sus patas traseras, chasqueando y golpeando en todas direcciones.

Той се завъртя на задните си крака, щракайки и удряйки във всички посоки.

Para los lobos, esto parecía como si su defensa nunca se abriera ni flaqueara.

За вълците това изглеждаше сякаш защитата му никога не се е отваряла или поклащала.

Se giró y atacó tan rápido que no pudieron alcanzarlo.

Той се обърна и замахна толкова бързо, че не можаха да го задържат зад гърба си.

Sin embargo, su número le obligó a ceder terreno y retroceder.

Въпреки това, броят им го принуди да отстъпи и да се оттегли.

Pasó junto a la piscina y bajó al lecho rocoso del arroyo.

Той подмина вира и се спусна в каменистото корито на потока.

Allí se topó con un empinado banco de grava y tierra.

Там той се натъкна на стръмен бряг от чакъл и пръст.

Se metió en un rincón cortado durante la antigua excavación de los mineros.

Той се вмъкна в ъглов изрез по време на старото копаене на миньорите.

Ahora, protegido por tres lados, Buck se enfrentaba únicamente al lobo frontal.

Сега, защитен от три страни, Бък се изправяше срещу само предния вълк.

Allí se mantuvo a raya, listo para la siguiente ola de asalto.

Там той стоеше встрани, готов за следващата вълна от атаки.

Buck se mantuvo firme con tanta fiereza que los lobos retrocedieron.

Бък отстояваше позициите си толкова яростно, че вълците се отдръпнаха.

Después de media hora, estaban agotados y visiblemente derrotados.

След половин час те бяха изтощени и видимо победени.

Sus lenguas colgaban y sus colmillos blancos brillaban a la luz de la luna.

Езиците им висяха, белите им зъби блестяха на лунна светлина.

Algunos lobos se tumbaron, con la cabeza levantada y las orejas apuntando hacia Buck.

Няколко вълци легнаха, с вдигнати глави и наострени уши към Бък.

Otros permanecieron inmóviles, alertas y observando cada uno de sus movimientos.

Други стояха неподвижно, нащрек и наблюдаваха всяко негово движение.

Algunos se acercaron a la piscina y bebieron agua fría.

Няколко души се разходиха до басейна и се напиха със студена вода.

Entonces un lobo gris, largo y delgado, se acercó sigilosamente.

Тогава един висок, слаб сив вълк се промъкна напред по нежен начин.

Buck lo reconoció: era el hermano salvaje de antes.

Бък го позна — това беше дивият брат от преди.

El lobo gris gimió suavemente y Buck respondió con un gemido.

Сивият вълк изскимтя тихо, а Бък отговори с хленчене.

Se tocaron las narices, en silencio y sin amenaza ni miedo.

Те докоснаха носовете си, тихо и без заплаха или страх.

Luego vino un lobo más viejo, demacrado y lleno de cicatrices por muchas batallas.

След това дойде един по-възрастен вълк, измършавял и белязан от много битки.

Buck empezó a gruñir, pero se detuvo y olió la nariz del viejo lobo.

Бък започна да ръмжи, но спря и подуши носа на стария вълк.

El viejo se sentó, levantó la nariz y aulló a la luna.

Старецът седна, вдигна нос и зая към луната.

El resto de la manada se sentó y se unió al largo aullido.

Останалата част от глутницата седна и се присъедини към продължителния вой.

Y ahora el llamado llegó a Buck, inconfundible y fuerte.

И сега зовът достигна до Бък, безпогрешен и силен.

Se sentó, levantó la cabeza y aulló con los demás.

Той седна, вдигна глава и зави заедно с останалите.

Cuando terminaron los aullidos, Buck salió de su refugio rocoso.

Когато воят спря, Бък излезе от скалистия си заслон.

La manada se cerró a su alrededor, olfateando con amabilidad y cautela.

Глутницата се обгърна около него, душейки едновременно любезно и предпазливо.

Entonces los líderes dieron un grito y salieron corriendo hacia el bosque.

Тогава водачите извикаха и се втурнаха в гората.

Los demás lobos los siguieron, aullando a coro, salvajes y rápidos en la noche.

Другите вълци ги последваха, виейки в хор, диви и бързи в нощта.

Buck corrió con ellos, al lado de su hermano salvaje, aullando mientras corría.

Бък тичаше с тях, редом с дивия си брат, и виеше, докато тичаше.

Aquí la historia de Buck llega bien a su fin.

Тук историята на Бък е добре да стигне до своя край.

En los años siguientes, los Yeehat notaron lobos extraños.

В следващите години йехатите забелязали странни вълци.

Algunos tenían la cabeza y el hocico de color marrón y el pecho de color blanco.

Някои имаха кафяво на главите и муцуните, бяло на гърдите.

Pero aún más temían una figura fantasmal entre los lobos.

Но още повече се страхуваха от призрачна фигура сред вълците.

Hablaban en susurros del Perro Fantasma, líder de la manada.

Те говореха шепнешком за Кучето-призрак, водач на глутницата.

Este perro fantasma tenía más astucia que el cazador Yeehat más audaz.

Това Куче-призрак беше по-хитро от най-смелия ловец на йихати.

El perro fantasma robó de los campamentos en pleno invierno y destrozó sus trampas.

Кучето-призрак крадеше от лагери в дълбока зима и разкъсваше капаните им.

El perro fantasma mató a sus perros y escapó de sus flechas sin dejar rastro.

Кучето-призрак уби кучетата им и избяга от стрелите им безследно.

Incluso sus guerreros más valientes temían enfrentarse a este espíritu salvaje.

Дори най-смелите им воини се страхуваха да се изправят срещу този див дух.

No, la historia se vuelve aún más oscura a medida que pasan los años en la naturaleza.

Не, историята става още по-мрачна с течение на годините в дивата природа.

Algunos cazadores desaparecen y nunca regresan a sus campamentos distantes.

Някои ловци изчезват и никога не се връщат в далечните си лагери.

Otros aparecen con la garganta abierta, muertos en la nieve.

Други са намерени с разкъсани гърла, убити в снега.

Alrededor de sus cuerpos hay huellas más grandes que las que cualquier lobo podría dejar.

Около телата им има следи – по-големи от тези, които който и да е вълк би могъл да остави.

Cada otoño, los Yeehats siguen el rastro del alce.

Всяка есен Йихатите следват следите на лоса.

Pero evitan un valle con el miedo grabado en lo profundo de sus corazones.

Но те избягват една долина със страх, дълбоко вдълбан в сърцата им.

Dicen que el valle fue elegido por el Espíritu Maligno para vivir.

Казват, че долината е избрана от Злия Дух за свой дом.

Y cuando se cuenta la historia, algunas mujeres lloran junto al fuego.

И когато историята се разказва, някои жени плачат край огъня.

Pero en verano, un visitante llega a ese tranquilo valle sagrado.

Но през лятото един посетител идва в тази тиха, свещена долина.

Los Yeehats no saben de él, ni tampoco pueden entenderlo.
Йихатите не го познават, нито биха могли да го разберат.

El lobo es grande, revestido de gloria, como ningún otro de su especie.
Вълкът е страхотен, облян в слава, не като никой друг от неговия вид.

Él solo cruza el bosque verde y entra en el claro.
Той сам прекосява зелената гора и влиза в горската поляна.

Allí, el polvo dorado de los sacos de piel de alce se filtra en el suelo.
Там златен прах от чували от лосова кожа се просмуква в почвата.

La hierba y las hojas viejas han ocultado el amarillo al sol.
Трева и старите листа са скрили жълтото от слънцето.

Aquí, el lobo permanece en silencio, pensando y recordando.
Ето, вълкът стои мълчаливо, мисли и си спомня.

Aúlla una vez, largo y triste, antes de darse la vuelta para irse.
Той извиква веднъж — продължително и тъжно — преди да се обърне да си тръгне.

Pero no siempre está solo en la tierra del frío y la nieve.
И все пак той не винаги е сам в страната на студа и снега.

Cuando las largas noches de invierno descienden sobre los valles inferiores.
Когато дългите зимни нощи се спуснат над долните долини.

Cuando los lobos persiguen a la presa a través de la luz de la luna y las heladas.
Когато вълците преследват дивеча през лунна светлина и мраз.

Luego corre a la cabeza del grupo, saltando alto y salvajemente.
След това той тича начело на глутницата, скачайки високо и диво.

Su figura se eleva sobre las demás y su garganta está llena de canciones.

Формата му се извисява над останалите, гърлото му е пълно с песен.

Es la canción del mundo más joven, la voz de la manada.

Това е песента на по-младия свят, гласът на глутницата.

Canta mientras corre: fuerte, libre y eternamente salvaje.

Той пее, докато тича – силен, свободен и вечно див.